Der Tod in Polen

Der Tod in Polen

Die volksdeutsche Passion

Edwin Erich Dwinger

8 paws
an army
The Scriptorium

Erstauflage: Edwin Erich Dwinger, *Der Tod in Polen. Die volksdeutsche Passion,* Eugen Diederichs Verlag, Jena, © 1940

Nachdruck ©2000, 2024 by The Scriptorium, Kanada.

wintersonnenwende.com
versandbuchhandelscriptorium.com

Print edition ISBN 978-1-998785-08-7
ebook ISBN 978-1-998785-09-4

Anm. d. Verlags: bitte entschuldigen Sie die oftmals falsche Silbentrennung am Zeilenumbruch. Die Buchdrucksoftware, mit dem dieses Buch hergestellt wird, setzt diese Trennstriche automatisch ein und manuelle Korrekturen sind fast unmöglich.

CONTENTS ▌

CONTENTS

Ein Wort zuvor

Während wir dieses Buch druckbereit machten, hatten wir das große Glück, in einem anderen Buch zu diesem Thema auf Dokumentarfotos zu stoßen, die das auf den folgenden Seiten Beschriebene handfest belegen. Dennoch zögerten wir lange, bis wir uns entschlossen, diese Fotos in den Text einzubringen; viele von ihnen sind nämlich derart schrecklich, daß sie geeignet sind, bei sensiblen Menschen einen Schock auszulösen. Doch finden wir, daß wir es den gräßlich Abgeschlachteten aus der Generation unserer Großeltern schuldig sind, die graphischen Beweise ihres Leidens ans Licht der Öffentlichkeit zu bringen. In dieser Druckausgabe sind die Bilddokumente in einem Anhang zusammengefasst.

Die Fotos sowie ihre Begleittexte stammen aus dem Buch *Die polnischen Greueltaten an den Volksdeutschen in Polen,* im Auftrage des Auswärtigen Amtes auf Grund urkundlichen Beweismaterials zusammengestellt, von Hans Schadewaldt bearbeitet und im Volk und Reich Verlag, Berlin 1940 erschienen. In den Bildunterschriften werden die Ermittelungsergebnisse der Sonderkommissionen des Chefs der Sicherheitspolizei (Reichskriminalpolizeiamt) mit RKPA und die Obduktions- und Leichenschau-Befunde mit OKW HS. In. Br. bzw. P. zitiert. Dieses Buch ist bezeichnenderweise im heutigen deutschen Vasallenstaat verboten.

Scriptorium, im September 2004,
des 65. Jahrestags der in diesem Buch beschriebenen Vorgänge.

Dieses Buch war die schwerste von allen Aufgaben,
die mir unsere Zeit bisher als Chronist stellte:
es enthält lediglich die nackte Wahrheit,
jeder Name ist der seines wirklichen Trägers,
jede Schilderung beruht auf einer eidlichen Aussage.

Edwin Erich Dwinger, 1940

Der deutsch-katholische Pfarrer von der
Herz-Jesu-Kirche in Bromberg beim stillen Gebet vor den
Leichen ermordeter Bromberger Volksdeutschen.

Präambel

Am 1. November des Jahres 82 vor Christi Geburt, nach der entscheidenden Schlacht am Kollinischen Tor, ließ Lucius Cornelius Sulla jene Listen zur Durchführung bringen, die sämtliche Namen der Anhänger des Volkstribunen Marius enthielten. Mit diesen Listen in den Händen, für die man die Namen **Proskriptionen** übernahm, obwohl solche ursprünglich nur Listen waren, durch die man öffentliche Verkäufe ankündigte, begaben sich seine Legionäre von Haus zu Haus, brachten alle auf diese Weise namhaft Gemachten um, schändeten ihre Frauen bis zum Tode, legten die meisten ihrer Häuser in Asche.

An 2.000 Bürger wurden an diesem Tage ermordet, die **Proskriptionen** aber erhielten für alle Zeit die Bedeutung, Aufrufe zur Ermordung von Vogelfreien zu sein.

* * *

Am 30. März 1282 nach Christi Geburt, um die Vesperzeit des zweiten Osterfeiertages, erhob sich das Volk von Palermo gegen die Franzosen, die Sizilien unter Karl von Anjou widerrechtlich beherrschten. In wenigen Stunden wurden in Palermo 4.000 französische Edle umgebracht, aber man schonte auch ihre Frauen und Kinder nicht, alles wurde vom rasenden Volk aus den Häusern geholt, in den Straßen unter mannigfachen Martern zu Tode gebracht.

Wie eine Flamme fraß sich das Morden durch das ganze Land, von diesem Zeitpunkte ab datiert die Regierung Peters III. von Aragonien. Auch hier sorgte eine Art Proskriptionslisten für die Ausmerzung aller Franzosenfreunde, der Aufstand selbst aber ging als **Sizilianische Vesper** in die Geschichte ein.

* * *

Am 23. August 1572 nach Christi Geburt entschloß sich Katharina von Medici, die Königinmutter des damaligen Frankreichs, die führenden Huguenotten mit einem Schlage zu vernichten. Sie hatte zur Hochzeit ihres Sohnes alle großen Protestanten nach Paris geladen, die Proskriptionen wurden in diesem Falle durch die Gästelisten ersetzt.

Um Mitternacht läuteten plötzlich die Sturmglocken, ehe die meisten der Huguenotten ganz erwacht, trafen sie auch schon die Dolche der Schergen, als erster fiel ihr genialer Führer Admiral Collignon. Man stürzte sie aus den Fenstern, trieb mit den Leichen seinen Spott. 20.000 Menschen fielen dieser Tat im ganzen Lande zum Opfer, die Geschichte aber gab ihr den Namen **Bartholomäusnacht**.

* * *

Am 3. September 1939 nach Christi Geburt, am dritten Tage des Polnischen Krieges, verkündete Warschau einen Rundruf. Es hieß darin nur kurz, daß Anweisung Nr. 59 sofort durchzuführen sei. Es war in Wirklichkeit die geheime Aufforderung dazu, schon lange bestehende Proskriptionen durchzuführen.

Nach diesem Rundruf stürzte sich das polnische Volk, von seinen Soldaten samt ihren Offizieren dazu angetrieben, auf alle Deutschen, ermordete innerhalb weniger Tage 60.000 Menschen. Nur wenige von ihnen wurden erschossen, die meisten wurden tierisch erschlagen, auch Leichenschändungen kamen in großer Anzahl vor. **Unter welchem Namen wird diese Tat in die Geschichte eingehen, wie wird die Menschheit sie einstmals nennen?**

1

Der Anfang: 3. September 1939

Der 3. September war einer jener Sommertage, wie sie es nur im weiten Osten geben kann: Der Himmel ohne Wolken, sein Blau etwas ausgeblaßt, dazu ein trockener Wind aus Rußland. In den Gärten hingen die Bäume voller Früchte, an den Zäunen brachen die Dahlien auf - wenn dieses Wetter ein wenig anhielt, mußte es eine gesegnete Ernte geben. Aber ob man sie überhaupt noch einbringen wurde, war nicht seit zwei Tagen Krieg mit Deutschland?

Wie sich an heißen Tagen schon das kommende Gewitter verrät, lag eine merkwürdig dumpfe Spannung in der Luft. Seit Monaten schon hatten die Deutschen unter polnischen Ungesetzlichkeiten gelitten, jetzt aber wurde im Verhalten der Polen noch ein Neues spürbar: Warum blickten sie plötzlich so seltsam auf die Deutschen, warum sprachen selbst gute Bekannte nicht mehr mit ihnen? Wohl hatte man in Bromberg morgens noch ungestört zur Kirche gehen können, wenn man nicht gerade hörbar deutsch miteinander sprach, hatte höchstens auf den Straßen singenden Soldatenzügen ausweichen müssen, aber die meisten Deutschen kamen doch unbelästigt wieder in ihre Häuser. So saßen sie denn sonntäglich gekleidet in ihren Zimmern, lagen an den Rändern der Stadt aber Gärten um ihre Häuser, saßen sie auch wohl in den kleinen Gartenpavillons, während die Kinder die Tische zum Mittagessen deckten.

Wohl hatte man schon vom ersten Kriegstag an viele erneut verhaftet, in erster Linie natürlich die bekannten Führer der volksdeutschen Bewegungen, Klagen über den Vollzug dieser Internierungen hatte man jedoch bisher nicht vernommen, da diese Verhafteten meist nicht aus den Gefängnissen zurückgekehrt waren, man über ihr weiteres Ergehen also nur Mutmaßungen anstellen konnte. Würde es vielleicht zu einem neuen Grenzzonengesetz kommen, nachdem das erste schon so viele von ihnen enterbt hatte? So saßen die Bürger weiterhin verschwiegen an ihren Radioapparaten, hörten mit klopfenden Herzen die deutschen Sender, die Berichte vom schnellen Vormarsch des deutschen Heeres. Es geht nur mehr um Stunden, sagten die einen, dann werden auch wir hier befreit! Und wenn es selbst noch ein paar Tage dauert, meinten die andern, im großen ganzen ist unsere Leidenszeit zu Ende...

2

Ein Bromberger Schicksal: die Familie Schmiede

Auch die Familie des Gärtners Schmiede wartet aufs Essen, sechs kleine Kinder laufen wie Füllen um die große Mutter, endlich erscheint die Magd mit der ersehnten Schüssel in der Tür. Sie wollen sich gerade setzen, als der Lehrling ins Zimmer tritt. "Was Neues wieder?" fragt der Meister. "Immer nur dieser Ruf", sagt der Lehrling, "seit einer Stunde schon! Führt Nr. 59 aus, heißt es nur immer wieder, führt Nr. 59 aus, ich verstehe das nicht..."

Meister Schmiede beißt sich auf die Lippen, bringt ihn mit einem raschen Blick zum Schweigen. Aber die Frau hat es schon bemerkt, fragt aus ihrem Kinderkreis herüber: "Sie werden doch nicht irgendeine Teufelei...?"

"Was sollten sie denn mit uns tun? Wir sind doch lauter Zivilisten! Haben noch immer unsere Pflicht getan, unsere Steuern besser als die Polen gezahlt, als brave Soldaten in ihrem Heere gedient... Und daß wir keine Waffen haben, das weiß doch schließlich auch jeder - einmal haben sie jedes Haus schon zehnmal danach durchsucht, zum andern sind die Grenzen seit Monaten so abgesperrt, daß man nicht einmal ein Taschenmesser durchschmuggeln konnte! Was noch an Schießeisen vorhanden war, haben sie uns längst abgenommen, neue aber konnte kein einziger von uns erhalten, was sollten wir also beim besten Willen gegen sie unternehmen? Vielleicht jagen sie uns aus der Stadt, wenn sie Bromberg den Deutschen überlassen müssen, damit müssen wir natürlich rechnen..."

"Sollten wir nicht doch fliehen?" sagt Frau Schmiede in jäher Angst.

"Erst gestern sagte der Pinczewski zu uns", wirft die junge Frau Ristau ein, die Frau eines schmiedeschen Arbeiters, der in der Gärtnerei seit Jahren hilft, "sobald der Krieg ausgebrochen ist, werden wir euch Hitlern die Beine auseinanderreissen, daß eure Eingeweide den Staub auflecken..."

"Macht euch nicht die Köpfe heiß!" schneidet der Meister sie ab. "Im übrigen ist es zu spät, die Truppen flüchten schon zurück - wer jetzt zwischen sie gerät, ist gefährdeter als in seinem Hause..."

Er hatte recht, es war zu spät. Denn um diese Stunde brachen die Polen schon zu ihrem Werke auf, wälzten sich mit einem Schlage Tausende durch die Straßen Brombergs - wie ein sengender Strom glühender Lava füllten sie alle Gassen, stießen wie in hitzigem Fieber in alle deutschen Häuser hinein. Die Kerne dieser Haufen bildeten Soldaten, die Mitläufer bestanden aus Pöbel, die Wegweiser waren oft Gymnasiasten.

Als eins der ersten Häuser erreichten sie die Schmiedesche Gärtnerei, war sie ob ihrer Größe in jenem Stadtteil nicht besonders verhaßt? Es ist ein Soldatentrupp mit aufgepflanzten Bajonetten, aber was haben sie für wilde Gesichter, sind sie vielleicht alle maßlos betrunken? Schmiede begrüßt sie mit vorsichtiger Höflichkeit, kann jedoch vor Aufregung nicht Polnisch. "Polnisch kannst du nicht, Hurensohn, aber Waffen hast du!" schreit ein Soldat.

"Ich habe nie eine Waffe gehabt, aber haltet doch ruhig Haussuchung!" sagt Schmiede entgegenkommend.

"Noch lange Haussuchung - drei Schritte zurück!" schreit der Soldat als Antwort, hebt ruckartig sein Gewehr...

Schmiede ist sofort tödlich getroffen, seine Frau wirft sich entsetzt neben ihn, nun geben sie auch drei Schüsse auf sie ab, aber seltsamerweise trifft kein einziger mehr. Da springt sie wieder auf, ruft wie eine Irre nach ihren Kindern, reißt sie mit sich zur Tür hinaus, flüchtet mit allen in den Keller hinab.

Diese allgemeine Flucht geschieht so plötzlich, daß die Polen zu weiteren Schüssen nicht mehr kommen. So gelangen alle heil in den Keller, sechs kleine Kinder mit ihrer Mutter, ihr alter Vater namens Adam, der Gärtnereiarbeiter mit seiner Frau, der junge Lehrling, schließlich die Magd. Der Keller ist als Luftschutzkeller eingerichtet, es stehen zwei Wasserfässer in ihm, außerdem ein paar volle Essigflaschen, in der Ecke ein Korb mit Handtüchern. Sie verrammeln noch gerade die Kellertür, da fallen schon die nächsten Schüsse, durchschlagen die starken Bohlen, zerschmettern klirrend das Fenster. Alle werfen sich auf den Boden, um Deckung zu suchen, die Mutter liegt dicht hinter der Mauer, hat alle Kinder zu sich heruntergerissen, liegt wie eine Henne über ihren Küchlein.

Eine Weile liegen sie so, trösten die schreienden Kinder, während oben an den Fenstern Stiefel vorbeirennen. Sie plündern anscheinend das ganze Haus, neben Soldatenstiefeln schleifen Vorhänge vorbei, polternd krachen Möbel aus dem ersten Stock, vor einem Kellerfenster bildet sich ein Trümmerhaufen, der aber allmählich auch noch fortgeschleppt wird. Plötzlich aber hebt der Lehrling den Kopf, sein junges Gesicht wird noch um einen Ton bleicher, schließlich stößt er mit flatternden Lippen aus: "Es brennt oben..."

Nun hören es alle, es brennt wahrhaftig, ganz deutlich knistern die Flammen, knallend platzen die Scheiben über ihnen, dann schlägt es auch schon den Rauch hinab. "Sie wollen uns alle verbrennen!" schreit der Lehrling kopflos, klettert in irrsinniger Angst aus dem Fenster, aber er hat sich draußen kaum aufgerichtet, als ihn ein Kopfschuß auf das Pflaster wirft. "Nur heraus mit allen", schreien ein paar Weiber, "damit wir's euch wie ihm machen..."

Aber die Mutter nimmt den Kampf auf, den Kampf gegen die Hitze, gegen den immer beißender werdenden Rauch. Sie kriecht zu dem Korb, nimmt Handtücher heraus, taucht sie ins Wasserfaß, schüttet ein wenig Essig darauf, legt jedem der Kinder eins auf den Mund. Es sind so kleine Kinder darunter, daß sie es nicht verstehen, immer wieder werfen sie die Tücher fort, drohen dann augenblicklich zu ersticken. Von Minute zu Minute wird es heißer, die Eisenträger über ihnen glühen schon, biegen sich nicht einige merklich durch?

"Ich will nicht verbrennen, will nicht lebendig begraben werden!" schreit die junge Frau Ristau jählings, nimmt ihren Mann an der Hand, stürzt zur Kellertür hinaus. Sie kommen jetzt seltsamerweise bis auf die Straße, auf dieser aber brandet es ringsum von Pöbel. Man erkennt die beiden sofort als Deutsche, die Zivilisten schreien den Soldaten hetzend zu: "Die müßt ihr niederschießen, das sind echte *Hitlerowzi!"*

Ehe die Frau für ihren Mann noch bitten kann, zerreißt ihm eine Kugel aus nächster Nähe den Kopf. Ein Soldat wirft sich auf ihn, zieht ihm die neuen Schuhe von den Füßen, die er seit seiner Trauung nur dreimal getragen hat, wirft sie als Belohnung für den Verrat den Angebern hin. Dann quält er ihm den Trauring vom Finger, als aber die Frau schluchzend um ihn als Andenken bittet, gibt er ihr einen Schlag mit dem Kolben in den Rücken, daß sie bewußtlos auf ihren Mann niederstürzt. Aber sie reißen sie gleich wieder an ihren Haaren auf, zwingen ihr durch Schläge die Hände über den Kopf, jagen sie nun mit schrillem Johlen im Laufschritt durch die Straßen. Aber sie ist längst nicht mehr die einzige, alle Straßen sind voll von solchen Jagden, alle zehn Schritte taumeln auf diese Weise ein paar Deutsche, die meisten sind von Schlägen schon blutüberströmt, einige tragen auch schon schwere Schüsse am Leibe, sie werden sofort mit Kolben totgeschlagen, wenn sie mitten im Lauf aus Schwäche zusammenbrechen.

Frau Ristau aber schafft es, sie bricht nicht gänzlich zusammen, erreicht mit letzten Kräften die Kommandantur. Vor einem Tische sitzt ein Offizier, er hat einen glatten Scheitel, hat gepflegte Fingernägel, sieht gelangweilt in ihr zerstörtes Gesicht. "Erschießt mich doch auch", schreit die Frau auf, "ich will nicht mehr..."

Da winkt der Offizier ab, sie jagen sie wieder hinaus, ein Soldat brüllt ihr nach: "Eine Kugel ist für dich zu schade, du häßliche Hitler, aber erschlagen wird man dich schon noch!" (Vgl. Anhang, Bilddokument 1.)

Die junge Frau kommt heil wieder hinaus, sieht sie so furchtbar aus in ihrem Schmerz, mit ihren übers Gesicht gefallenen Haaren, die über und über vom Blut ihres Mannes besudelt sind, daß auch die Rasendsten vor ihr zurückweichen? Sie wäscht sich in einem Graben das Blut vom Gesicht, schleicht eilends zum Schmiedeschen Anwesen zurück. Nicht weit vom Gartentor liegt immer noch ihr Mann, ein johlender Haufen tanzt um ihn herum, vom brennenden Hause fallen schaurige Schatten auf ihn, durch diese Schatten sieht sein zerrissenes Gesicht aus, als lächelte er leise vor sich hin. "Du verfluchter Hitler lachst noch?" ruft ein Soldat höhnisch auf ihn herab, läuft zu einer Abfalltonne, kommt mit zwei gefüllten Händen zurück. Ein halbes Dutzend reißt ihm den Abfall aus den Händen, alle zielen sie nun damit nach seinem Kopfe, einem Jungschützen aber ist auch das noch nicht genug, mit hysterischem Schreien stopft er ihm den Schmutz in den offenen Mund...

Dieser Tanz um die Guillotine dringt trotz des Feuerlärms bis in den Keller, in dem Frau Schmiede immer noch mit ihren Kindern kauert. Es wird allmählich so heiß in dem Raum, daß ihr die

Kleider tropfend an den Gliedern kleben, die steinernen Wände werden langsamso glühend, daß man sie mit den Händen kaum mehr berühren kann. Die Kinder schreien ununterbrochen, immer wieder legt sie ihnen Essigtücher auf die Münder, aber immer noch muß sie alles auf dem Bauche kriechend machen, sonst peitschen sofort wieder Kugeln durch die Fenster. Draußen wird es allmählich Nacht, das schauerliche Geheul ums Haus wirkt jetzt auf die Kinder, daß sich fast alle in Schreikrämpfen winden. Kurz vor Mitternacht geht ein scharfes Prasseln über ihnen nieder, die eisernen Träger biegen sich fast durch, aber sie halten schließlich doch aus, wohl ist das Haus über ihnen zusammengestürzt, aber es hat sie nicht alle miteinander begraben. (Vgl. Anhang, Bilddokument 2.)

Mit dem Zusammensturz des Hauses verläuft sich die Menge, aber erst gegen Morgen wagt die Frau hinauszuschleichen. Sie will von Bekannten etwas für die Kunder zu essen holen, aber schon nach kurzem Weg fällt auch sie einer Streife in die Hände. Man schleppt sie sofort weiter zur Polizeistation, aber es sind nur mehr junge Zivilisten auf der Wache, ein Sechzehnjähriger unterschreibt die Todesurteile. Man stößt sie in einen der vielen Räume, in denen schon Hunderte von Deutschen zusammengepfercht sind, sie fällt einer Bekannten bewußtlos in die Arme, wird aber im nächsten Augenblick durch furchtbares Geschrei wieder erweckt. Ein polnischer Soldat hat zur Tür hereingebrüllt, daß man sie jetzt alle mit Gas umbringen werde. Durch ein Fenster schiebt sich tatsächlich ein Rohr, von draußen kommt ein seltsam blasendes Geräusch, schon glauben alle, den Mandelgeruch des Gelbkreuzgases zu verspüren. Ein sinnloser Tumult bricht aus, viele fallen betend auf die Knie, ein Pfarrer spricht klingend das Vaterunser - aber es sinkt keiner um von diesem Gas, man hat gar kein Gas in diesem Wachtgebäude, man hat sich nur an ihren Qualen weiden, nur seinen Spaß mit ihnen haben wollen...

3

Ein Bromberger Schicksal: die Familie Radler

Um die gleicher Zeit brachen sie bei der Familie Radler ein, deren Anwesen am unteren Ende der Wladyslawa Belzy liegt. Hier waren es zuerst nur fünf Soldaten, die vorgaben, nach einem Maschinengewehr zu suchen. Sie hielten ihnen die Bajonette vor die Brust, trieben sie von Zimmer zu Zimmer, brachten im ganzen Hause das Unterste zuoberst. "Wer ist hier der Fritz?" schreit schließlich einer.

Fritz, ein neunzehnjähriger Abiturient, tritt mit stiller Ruhe vor. "Wo soll ich mich hinstellen", fragt er stolz, "ich werde ja doch erschossen." Oh, mein Junge, denkt die Mutter, ich habe immer viel von dir gehalten, aber daß du solch wunderbarer Mensch bist, das habe ich trotz allem nicht geahnt.

"Woher weißt du?" lacht der Führer des Trupps. "Dort an den Gartenzaun..."

Fritz will seinen Eltern noch die Hand geben, aber sie treiben alle mit den Bajonetten zurück. Da geht er mit einer verächtlichen Kopfbewegung hinaus, stellt sich auf der Straße steil an den Gartenzaun. Einen Augenblick später fällt der Schuß schon, als aber der Vater nun trotz der Bajonette hinausläuft, sich neben seinen sterbenden

Sohn zu Boden wirft, stürzt sich ein polnischer Offizier auf ihn, schlägt ihn tobend mit der Reitpeitsche über den Kopf. "Ins Haus mit dir zurück, du Hitlerbandit, sonst erschieße ich dich auch!" schreit er immer wieder, jagt ihn damit ins Haus zurück. (Vgl. Anhang, Bilddokument 3.)

Der Nachmittag verläuft seltsamerweise ruhig, auch nachts geschieht nichts mehr. Die Familie sitzt in ihrem Zimmer, am Bett der kranken Tochter, alle denken an ihren Ältesten, der ein auffallend kluger Junge war, hat er nicht die ganze Schule als Bester durchgemacht? Haben sie nicht ihr ganzes Leben lang gedarbt, um den Jungen aufs Gymnasium schicken zu können? Sie denken seiner vielen Wanderungen, auf denen er stets Zeichnungen machte, denn sein großer Plan war seit je, ein selbstgezeichnetes Wanderbuch herauszugeben, einen Führer durch die ganze engere Heimat, das von ihm so geliebte Westpreußener Land. Auch hübsche Karikaturen sollten darinnen sein, hatte er sie nicht oft damit zum Lachen gebracht?

"Mutter", sagt Heinz plötzlich, der erst sechzehn Jahre alt ist, aber ein so edel geschnittenes Gesicht hat, daß er wie ein Vorbild seiner Rasse wirkt, "wenn die Polen nochmals kommen sollten, ich kann mich nicht einfach hinstellen wie der Fritz..." Er bricht plötzlich schamhaft ab, flüstert inbrünstig vor sich hin: "Ich will das neue Deutschland noch erleben, ich **muß** das neue Deutschland noch erleben!"

Um sieben Uhr morgens hält plötzlich Kavallerie vor dem Haus, ein paar Reiter holen den Vater heraus, damit er ihnen die Pferde an der Pumpe tränkt. "Habt ihr keine Milch?" fragt ein Reiter.

"Ich gebe euch welche", sagt der junge Heinz, holt rasch eine Tasse herbei, reicht ihnen Milch aus einer Kanne.

Sie schlürfen gierig, einer aber sagt: "Ist wohl einer von euch, der da vorm Hause liegt - ist ihm nur recht geschehen, diesem jungen

Hitlerowzi! Jetzt sperrt er das Maul auf, wie ein Fisch auf dem Trocknen..."

"Mein Bruder ist unschuldig", sagt Heinz aufschluchzend, "er ist nur gemein gemordet..."

Nach diesem Wort ist es mit einemmal, als hätten sie darauf nur gewartet - gleich drei erheben die Fäuste, schlagen auf ihn ein. Heinz hebt die Hände über den Kopf, sucht den Schlägen zu entgehen, indem er in den rückwärtigen Garten flüchtet. Zwei schießen sofort hinter ihm her, aber sie treffen ihn erst, als er sich gerade im Sprunge hebt, um über den letzten Zaun zu flanken. Er schreit fürchterlich auf, in diesem Schrei liegt seine ganze Jugend, sein ganzes brennendes Nichtglaubenwollen. Er schlägt verzweifelt mit den Beinen um sich, aber es hilft ihm alles nichts, er wird das neue Deutschland nicht mehr sehen...

Als sein Vater die Schüsse hört, will er vom Tränken fortlaufen, aber sie halten ihm die Bajonette vor, rufen ihm immer wieder höhnisch zu: "Was geht dich das an, bleib du ruhig hier, mach deine Arbeit fort..."

Er tränkt mit zitternden Händen weiter, bis er im Hause die Detonation einer Handgranate hört - da läßt er dennoch den Tränkeimer fallen, stürzt trotz aller Drohungen ins Haus. Er findet die Wohnstubentür in Splittern, die Frau aber ist unverletzt geblieben, auch der Tochter ist nichts geschehen. "Sie haben Heinz gehetzt..." kann ihm seine Frau noch zurufen, dann schreien sie schon mit wütendem Brüllen nach ihm, so daß er fliegend wieder zur Pumpe zurückläuft. Aber diesmal tritt er kaum aus der Haustür, als ihm eine Kugel in den Hals fährt, in solchem Ausschuß zur Schulter heraustritt, daß sie ein großes Stück rosiger Lunge mitreißt.

Er stürzt vor der Tür auf die Schwelle, aber er wird noch lange nicht sterben. Aus seinem Munde tritt blasiger Schaum, er wälzt sich von der Stufe herab, beginnt plötzlich unter Schluchzen zu schreien: "Schießt mich doch tot, macht mich doch ganz tot..." Aber die Soldaten lachen nur über seine Bitten, will trotzdem einer ihm den Gnadenschuß geben, so hält ihn jedesmal einer der Zivilisten ab, die seit einiger Zeit in Haufen den Garten füllen. "Krepieren soll er langsam, damit er auch was davon hat..." rufen sie jedem Neuen zu, der von der Straße hinzutritt. (Vgl. Anhang, Bilddokument 4.)

Als die Frau ihn aus dem Fenster so leiden sieht, bittet sie die Tochter, ihm wenigstens einen Schluck Wasser zu reichen. Aber sie schlagen ihr den Becher aus der Hand, diesem schönen zarten Mädchen, das ganz dem jüngeren Bruder gleicht, jagen sie mit Fußtritten wieder ins Haus zurück. "Wo habt ihr eure Sachen vergraben?" fragt sie einer, der ihr gefolgt. "Sagt es uns auf der Stelle, oder wir metzgern auch euch!" Sie ziehen die Mutter über den Sterbenden hinweg in den Garten, lassen sich die Stelle zeigen, graben sie mit ihren Schanzspaten eilig auf.

Das Versteck befindet sich nur wenige Meter vom Sterbenden, er fleht seine Frau währenddessen fortwährend um Wasser an, aber wieder lassen sie weder Mutter noch Tochter an ihn heran. Als sie endlich auf den Koffer stoßen, verteilen sie den Inhalt johlend im ganzen Kreis, am gierigsten aber greifen die Zivilisten zu.

Während sie noch damit beschäftigt sind, galoppiert ein höherer Offizier auf den Hof, spornt sein Pferd bis auf den Sterbenden, spuckt ihm von oben mehrfach ins Gesicht, schreit zwischendurch höhnisch auf ihn herab: "Nun ist dir wohl besser, du Hitlerbandit, nun schrei' doch nach ihm..." Erst als dieser wieder forgeritten ist, hebt schließlich ein Soldat das Gewehr, tötet ihn durch einen Nahschuß in den Kopf, fünf volle Stunden nach dem ersten Schuß...

Jetzt tragen sie die drei Leichen zusammen, werfen sie vor das Wohnzimmer, in dem die beiden Frauen sinnlos am Boden liegen, schreien zum Fenster hinein: "Jetzt macht ein Loch, aber drei Meter tief..."

Die beiden Frauen stolpern hinaus, ihre drei Toten liegen wüst übereinander, zuunterst mit zerschmettertem Kopf der Vater, halb über ihm mit weit aufgerissenen Augen Heinz, daneben mit stillem Gesicht der älteste Sohn.

"Aber womit sollen wir graben?" schreit die Mutter auf.

"Mit euren Fingern", lachen die Soldaten, "kratzt wie die Katzen, wenn ihr nichts habt..."

Die Tochter holt einen Rechen, etwas anderes findet sie nicht, mit ihm wühlen sie ein Loch, aber wie sollen sie drei Meter tief...? Die kranke Tochter ist so schwach, daß sie kaum stehen kann, sie hilft mit ihren Händen wühlend mit, während sich die Soldaten an ihrer Arbeit weiden: Das ist einmal etwas für diese hundsblütigen Deutschen! Aber als das Loch einen Meter tief ist, sind sie plötzlich dessen leid, stoßen sie die beiden von der Grube zurück, brüllen ihnen befriedigt zu: "Jetzt schmeißt sie hinein, eure drei Hitlerkadaver..." Die beiden Frauen sind zu schwach, sie können kaum den leichtesten, den jungen Heinz, von der Stelle ziehen, da packen die Soldaten denn auch mit an, rollen die Toten mit den Füßen dem Loche zu... "Und jetzt Erde drauf!" kommandiert der Führer.

Frau Radler beugt sich über das Grab, der oberste ist gerade ihr Mann. "Und nun soll ich dir auch noch... Erde auf das Gesicht werfen?" flüstert sie tonlos vor sich hin, schreit dann mit einem Male irre auf: "Nein - nein - nein! Nun ist es genug, nun will ich nicht mehr, nun schießt mich tot, meine Tochter auch..."

"Hört sie", lachen die Soldaten, "mit einem Mal, war so brav bisher! Aber gib zwanzig Zloty, dann werfen wir die erste Erde drauf, braucht ihr nur den Schluß machen..."

Und Frau Radler schleppt sich ins Haus, sucht die letzten zwanzig Zloty hervor...

(Vgl. Anhang, Bilddokument 5.)

4

Bromberger Streiflichter

Während dies in der Wladyslawa Belzy geschah, durchzog ein anderer Pöbeltrupp die Chausseestraße. Ihn führte der Blockkommandant des Gasschutzes, ein fanatischer Pole namens Owczarzak an. Die meisten des Haufens trugen Schlagringe, einige hatten auch nur Knüppel, andere wieder Brechstangen in den Händen. Als sie am Haus des Bankprokuristen Finger vorüberkamen, wies Owczarzak dem Haufen gestikulierend die Fenster.

Wohl hat die Familie Finger die Tür verrammelt, aber die Soldaten zerschlagen sie mit ihren Kolben, stürzen sofort ins Herrenzimmer hinein, in dem sich das Ehepaar Finger versteckt hat. "Leg dich auf den Boden!" schreit ein Soldat den Mann an. Er legt sich auf den Boden, die Frau wirft sich neben ihn. Unter dem Johlen des Volkes drückt der Soldat ihm das Gewehr aufs Herz, zieht mit mechanischer Selbstverständlichkeit den Hahn durch, es dröhnt in dem kleinen Zimmer, daß es fast die Trommelfelle zersprengt. Dann reißen sie die Frau wieder empor, bringen sie durch Schläge zum Stehenbleiben, durchwühlen das ganze Haus an allen Enden, werfen alles Wertvolle den Zivilisten zu, finden am Ende auch die beiden jungen Söhne. Unter fortwährenden Schlägen führt man sie hinaus, schließt sich draußen anderen Trupps an, die gleichfalls ganze Haufen zur Polizeiwache führen.

Auf der Polizeiwache versucht man erst eine Weile, sie durch Schläge auch noch hinein zu bekommen, aber in die überfüllten Räume bringt man trotzdem nur mehr wenige. Da machen sie sich auf den Weg zum Regierungsgebäude, aber auf der Strecke dorthin begegnet der Trupp einem anderen, der von Eisenbahnern der französischen Gdyngener Eisenbahn geführt wird. "Wo wollt ihr denn hin?" fragt ein Zivilist hinüber. "Wir gehen Beyers jagen!" ruft ein Siebzehnjähriger, der den Namen Gaca trägt. Schnell entschließt sich der Trupp, diese Jagd noch mitzumachen, gemeinsam ziehen sie vor Beyers Grundstück. Auch hier beginnt es mit der immer gleichen Frage: Gebt das versteckte Maschinengewehr heraus!

Die Familie Beyer besteht aus sechs Gliedern, neben dem Ehepaar mit zwei Kindern, von denen der eine Sohn achtzehn, der andere aber erst elf zählt, gibt es noch eine alte Mutter, außerdem einen Gehilfen namens Thiede. "Ihr habt also kein Maschinengewehr!" schreit ein Eisenbahner, greift in die Tasche, zieht eine Patrone heraus. "Und was ist das hier, was ich in eurer Stube fand?" Da johlen alle triumphierend auf, verlangt Gaca ihre sofortige Erschießung. Nach langem Palaver entschließen sie sich aber, sie doch mitzunehmen, sie könnten dann zuvor in Ruhe noch ihre Schandtaten gestehen. "Doch meinen Kleinen nicht?" schreit Frau Beyer flehend. Aber sie schlagen ihr auf den Mund, daß ihr das Blut aus den Lippen springt, entreißen ihr den kleinen Jungen, führen ihn mit den Männern fort.

Als sie wieder die Straße entlang ziehen, erhebt sich ein neuer Streit zwischen ihnen. "Sie gehören zur Bahnpolizei", sagt ein Eisenbahner, "sie gehören nicht ins Regierungsgebäude! Wir wollen auch unsere Sache getan haben, es braucht nicht immer die Stadtpolizei zu sein..." Da sich der ganze Haufen nicht einig wird, trennen sich ihre Wege doch schließlich. Während der erste Trupp wieder dem

Regierungsgebäude zuzieht, dabei erneut auf eine Handvoll anderer Haufen stößt, von denen jeder ein halbes Dutzend Deutsche mit sich führt, begibt sich der Eisenbahnerhaufen auf das Eisenbahngelände. Am andern Morgen fand man dort alle vier erschossen, das elfjährige Kind lag unter seinem Vater, es hatte eine Zertrümmerung des linken Unterarms, eine Hiebverletzung über dem linken Auge, außerdem zwei schwere Brustschüsse. Aber während die andern schon drei Stunden tot waren, lebte dies zarte Kind noch bis gegen Mittag... (Vgl. Anhang, Bilddokumente 6-9.)

Sobald sich der erste Trupp dem Regierungsgebäude näherte, tönte ihm schon von weitem Geschrei entgegen, es ist das chorartige Schreien von tödlich Mißhandelten, schon vor dem Eingang liegen etwa zweihundert Tote auf der Straße. Als sie mit ihren Deutschen vor dem langen Gange ankommen, erblicken diese mindest vierzig Soldaten, die sich zum Spießrutenlaufen aufgestellt haben. Durch diese Gasse müssen sie als erste hindurch, wie Hagel fallen die Knüppelschläge dabei auf sie nieder. Im Venehmungssaal sitzen ein paar Offiziere, die heißen sie erst einmal niederknien, ein dreifaches Hoch auf Marschall Rydz-Smigly ausbringen. Eine hochschwangere Frau, die diese Anordnung nicht gleich versteht, durchsticht ein Posten mit dem Bajonett, der höhere Polizeifunktionär Roberschewsk jedoch befiehlt, als ihr gellendes Geschrei nicht wieder enden will, zu seinem Übertönen eine kleine Handsirene zu drehen.

Owczarzak liefert seine Gefangenen ordnungsgemäß ab, streift noch ein wenig im Regierungsgebäude umher. In einem Zimmer findet er zehn völlig entkleidete Deutsche, die man um irgendwelcher Geständnisse willen gefoltert hat. Sieben von ihnen sind schon tot, alle sind fürchterlich zerschlagen, drei aber wimmern noch vor sich hin. In diesem Augenblick kommt Roberschewsk wieder in dies Zimmer, hört das Wimmern, ruft den folternden Polizisten ungeduldig zu: "Die leben immer noch?" Daraufhin ergreift einer eine blutige Axt, die neben den schon Toten an der Wand lehnt, schlägt den Wimmernden mehrfach über die Köpfe...

Owczarzak geht wieder auf den Gang hinaus, sieht dabei verwundert, daß man einen ganzen Haufen entläßt. "Ihr könnt nach Hause gehen!" sagt der Offizier lächelnd. An zwanzig Deutsche laufen wie gehetzt hinaus, aber auch das ist nur ein Späßchen, sie haben kaum das Tor erreicht, als ein Dutzend Soldaten aus der Spießrutengasse anlegt, sie mit rasendem Schnellfeuer in den Rücken schießt. So liegen jetzt nicht nur zweihundert, sondern zweihundertzwanzig vor dem Regierungshaus.

In diesem Augenblick ruft sie ein Bekannter an, der auch gerade einen Trupp eingebracht hat. "Ich weiß noch welche", ruft er ihm zu, "in der Thorner Straße, ziemlich weit draußen! Aber es ist ein Weib dabei, hast du schon eins gehabt heut...?" (Vgl. Anhang, Bilddokument 10a.)

Da schließt Owczarzak sich ihm sogleich an, bald tun sie noch einige Soldaten auf. Unterwegs fällt der Trupp fast eigenem Feuer zum Opfer, denn als er über den Kornmarkt kommt, schießt man gerade mit einem Maschinengewehr in etwa hundert Deutsche, die man über diesen Platz ins große Polizeigefängnis bringen will. Sie flüchten Hals über Kopf in den nächsten Torbogen, müssen schließlich über Dutzende von Leichen klettern, um wieder auf den geplanten Weg zu kommen. Wieder müssen sie ziemlich weit laufen, endlich sind sie vor dem gesuchten Haus. Die Soldaten schießen sofort durch die Fenster, darauf flüchten die Bewohner in einen Schuppen. Es ist das alte Ehepaar Gannot, außerdem ihre Tochter, ein Mädchen von neunzehn Jahren. Als sie aus dem Schuppen nicht heraus wollen, wirft ein Soldat eine Handgranate, die aber niemanden ernstlich verletzt. Jetzt treten sie jedoch zitternd heraus, sofort fragt die Tochter auf polnisch, was sie ihnen denn getan hätten.

"Deutsche seid ihr - und das genügt!" schreit der Zivilist - und ein Soldat setzt hinzu: "Herunter mit den Schweinen!" Gleichzeitig hebt er schon das Gewehr, schlägt den Mann mit dem Kolben ins Gesicht, gleich machen es ihm ein paar andere nach. Der alte Gannot fällt zu Boden, sie stechen mit den Bajonetten in ihn hinein, geben ihm im Liegen noch sechs Schüsse. Als die Tochter daraufhin nach Wasser läuft, mit einer Schüssel zurückkommt, um den blutigen Kopf des Vaters abzuwaschen, schlagen sie ihr rechts und links ins Gesicht, schlagen gleichzeitig auf die Mutter mit Knüppeln ein.

Da entflieht das Mädchen entsetzt, rennt mit fliegenden Röcken zur Brahe hinab, die hinter ihrem Anwesen vorbeifließt, springt in ihrer Verzweiflung in die Flut. Aber der Zivilist schneidet ihr den Weg ab, faßt sie noch an dem aufgelösten Zopfe, zieht sie an ihren Haaren wieder aus dem Wasser. An zehn Mann packen sie an den Gliedern, tragen sie ins Schlafzimmer des Hauses. "Nun zieh dich um, bist ja ganz naß!" sagt der Zivilist, plötzlich seltsam freundlich. "Sollst einmal sehen, wir Polen sind gar nicht so schlimm, kannst dich ruhig hier umziehen..."

Als aber niemand das Zimmer verläßt, macht das Mädchen keine Anstalten, weint nur weiter still vor sich hin. Da ist ihre Geduld auch schon wieder zu Ende, stürzen sich sechs jählings auf sie, reißen ihr die Kleidung in Fetzen vom Leibe, werfen sie völlig nackt auf den Stubenboden. Während fast zehn Mann sie festhalten, einer ihr den Mund zustopft, ein paar ihren Kopf auf die Erde drücken, vier ihr die Arme festhalten, zwei sich auf ihre Fußknöchel setzen, wirft sich der Zivilist wie ein Tier über sie...

5

Der Bromberger Totentanz
weitet sich aus

Als am nächsten Morgen die Fronttruppen zurückströmen, den Händen der Offiziere schon völlig entglitten, durch Bromberg fließen, anscheinend bei der ersten Begegnung mit dem Feinde bereits entscheidend geschlagen, schwillt die Vernichtungswelle noch einmal grauenhaft empor. Ist es ein Rachenehmenwollen für die verlorenen Schlachten, für den Zusammenbruch ihrer maßlos übersteigerten Siegeszuversicht - jedenfalls ist es die typische Reaktion minderwertiger Charaktere, die damit selbst die polnische Nation aus der Reihe der Kulturvölker löscht: Vor einem diesen Soldaten gleichwertig bewaffneten Gegner läuft ihre Armee haltlos davon, auf eine waffenlose Zivilbevölkerung aber wirft sie sich mit unstillbarem Blutdurst, ihr gegenüber tobt sich ihre legendäre Tapferkeit aus, während man sie an der Front beschämend selten gewahrt...

Damit steigt das allgemeine Morden zu einem Höhepunkt auf, wie es die Geschichte seit Dschingis-Khans Zeiten nicht mehr kennt. Alle Straßen Brombergs sind jetzt ein Hexenkessel, von einer schiebenden Menge vieler Tausender brodelnd gefüllt. Wer ihr in diesen Stunden in die Hände fällt, haucht nur mehr unter langen

Qualen sein Leben aus, denn es wird jetzt kaum mehr jemand erschossen, um diese Zeit sterben fast alle nur mehr durch Kolbenschläge, enden fast alle unter Dutzenden von Bajonettstichen. Man nagelt sie mit Bajonetten auf die Erde, man schält ihnen mit Seitengewehren die Augen heraus, man schlitzt ihnen mit alten Säbeln die Bäuche auf, man schneidet ihnen wollüstig die Geschlechtsteile ab. Vor jedem deutschen Hause liegen ein paar Tote, der Kornmarktplatz ist rings mit Leichen übersät, jetzt wird auch das letzte vergessene Haus noch gefunden. Immer wieder sieht man Gymnasiasten die Straßen absuchen, aber auch viele Gewerbetreibende beteiligen sich als Spürhunde: Der polnische Bäckermeister gibt den deutschen Bäcker an, der polnische Schuhmachermeister den deutschen Schuhmacher - sind diese Tage nicht eine von Gott gesandte Gelegenheit, die verhaßte Konkurrenz ein für allemal loszuwerden? Aber auch die Intelligenz beteiligt sich an dieser Art des Kesseltreibens, der polnische Rechtsanwalt gibt heimlich die Wohnung des deutschen an, der polnische Bankdirektor flüstert einem Haufen die Straßennummer des deutschen zu. An der Spitze aller Spürhunde aber stehen die Lehrer, sie führen ihre Horden eigenhändig in die deutschen Schulen, sie sind in jedem Falle die erbarmungslosesten Henker.

Gibt es denn überhaupt keinen Halt mehr in dieser Stadt, gibt es nicht eine einzige Säule der Menschlichkeit? Es gibt keine, es gibt nichts. Eine Pfarrersfrau flüchtet mit ihren sechs Kinderchen ins katholische Schwesternhaus, aber die ihr gut bekannte Kinderschwester läßt sie nicht einen Schritt zur Tür hinein: "Machen Sie, daß Sie wieder fortkommen, für verfluchte Deutsche ist kein Platz..." Die Pfarrersfrau fleht noch einmal, denn hinter ihr tobt schon die Meute. Aber die polnische Schwester, die Schwester der Kinder, schreit sie nur noch schärfer an, schlägt schließlich knallend die Tür vor ihr zu... Ein alter katholischer Pfarrer, den zwei deutsche Greise um Hilfe anflehen, findet als Antwort nur billigen Hohn: "Wendet euch doch an euren Gott um Hilfe, an Adolf Hitler, der unsrige gilt euch ja nichts mehr..." Nein, alles wird von diesem heißen Strom umspült, nicht die kleinste Insel bleibt bestehen. Und wenn sich jemand um Hilfe an seinen Nachbarn wendet, mit dem er zwanzig Jahre freundschaftlich gelebt, so ist es meist eben dieser gute Nachbar, der eine Stunde später selbst die Schergen bringt...

Endlich verlassen die Horden die Stadt, ist der Feind schon so nahe? Alle an den Henkerstaten Beteiligten schließen sich den Soldaten an - ahnen sie plötzlich die nahende strafenden Gerechtigkeit?

Das Infanterieregiment Nr. 63 aus Thorn, das seinen Offizieren noch nicht völlig entglitt, zieht in mehreren geschlossenen Trupps die Straße nach Hohensalza hinaus, aber auch ihre Spur bezeichnet eine lange Linie von Toten. Als es in Hopfengarten bei der Abzweigung nach Labischin auf die evangelische Kirche stößt, bricht der Spitzenhaufe sofort die Kirchentür auf, ergießen sich die ersten hundert mit wildem Johlen in das stille Gotteshaus. Sie reißen die Kirchenfahnen von den Wänden, schießen mit ihren Pistolen nach dem Kruzifix, einer aber klettert auf den Altar hinauf, um unter dem Beifall aller dort seine Notdurft zu verrichten. Schließlich tragen sie alles Brennbare auf einen Haufen, werfen von der Tür aus so lange Handgranaten hinein, bis die Trümmer in einer hohen Stichflamme aufzischen. In wenigen Minuten brennt die alte Kirche lichterloh, steht die ganze Nacht als schaurige Fackel im Land.

Von dieser Stelle aus gibt der Kommandeur des Regiments den Befehl, in Richtung Eichdorf eine provisorische Stellung einzunehmen. Der Großteil der Soldaten sucht sich daraufhin gedeckte Unterschlupfe, baut seine Maschinengewehre in westlicher Richtung ein, während die Bagage in der Nähe Eichdorfs zu einem kleinen Lager zusammenfährt. Die ersten Stunden ist das Regiment damit beschäftigt, als aber der Feind immer noch nicht kommt, beginnt der größere Teil erneut in der Umgebung herumzustreunen. Hat einer durch einen unglücklichen Zufall herausgebracht, daß Eichdorf mit seinen Vorhöfen eine rein deutsche Siedlung ist, vor Hunderten von Jahren von deutschen Bauern aus dem Nichts erschaffen, bis 1918 noch von keinem einzigen Polen bewohnt? Wohl haben die meisten Männer sich bei ihrem Nahen in den Wiesen versteckt, denn inzwischen ist der Bromberger Blutsonntag auch bis zu ihnen durchgesickert, die Frauen mit den Kindern aber sind ruhig in den Häusern geblieben. Einmal mußte jemand zur Besorgung des ganzen Viehs auf den Höfen bleiben, zum anderen hat man es doch sicherlich nicht auf Frauen abgesehen...

Als erstes geraten die Soldaten in das Anwesen Langes, in ihm finden sie nur zwei alte Männer von fünfundsechzig, dazu eine Greisin von achtzig Jahren. Sie halten hier nicht einmal das mehr für nötig, was bisher als eine Art Rechtfertigungsgrund bei keinem Morde fehlte - sie werfen keinem mehr irgendein Schießen aus dem Hinterhalt vor, geben auch nicht das Suchen nach irgendwelchen Waffen als Vorwand: Sie schlagen die drei Alten ohne viel Worte sofort mit den Kolben nieder, stechen auf die Zusammenstürzenden immer wieder mit den Bajonetten ein...

Als ob diese Tat ihren Blutdurst auf Neue entfacht hätte, ziehen sie nun mit fanatischem Geschrei von einem Hofe zum andern, da an der Straße in einem Raum von drei Kilometern an fünfundzwanzig Höfe liegen, die Stellung des Regiments auch nur hundert Meter westlich dieser Linie verläuft, eilen auf die ersten Schüsse auch die übrigen aus den Postenständen herbei, so daß sich wenige Minuten später alles auf die drei Dörfer ergießt. In jedem Hause werden sofort mehrere erschlagen, können aber die Kinder noch davonlaufen, so schießen sie lachend hinter ihnen her, um ihnen endlich einmal "das Laufen beizubringen". Einige Frauen werden durch Stiche in den Unterleib niedergeworfen, alsdann zermalmt man ihnen die

Gesichter durch Kolbenschläge. Oft werden die Männer vorher mit Stricken aneinandergebunden, erst dann in langer Reihe einer nach dem anderen heruntergeschlagen, vorzüglich immer wieder durch Kolbenschläge in die Gesichter. Als ein alter Bauer nicht auf polnisch antworten kann, schreit ihn ein junger Offizier höhnisch an: "Zwanzig Jahre ist dies Land nun polnisch, du Hundesohn aber hast's noch immer nicht gelernt? Aber nun brauchst du dich nicht mehr bemühen, jetzt lohnt es sich für dich nicht mehr..." Darauf hält er ihm selbst den Revolver aufs Auge, drückt er unter dem Beifall der Soldaten ab...

Als den Soldaten auf dem Wege zum Hofe Wollschlägers die drei Kinder Jannots in die Arme laufen, deren jüngstes im Alter von zwölf, deren mittleres im Alter von fünfzehn steht, deren ältestes aber eben achtzehn Jahre alt ist, stellen sie erst ein kleines Verhör mit ihnen an. Ihr schlechtes Polnisch beweist ihnen aber rasch, daß sie es mit deutschen Kindern zu tun haben, daraufhin stechen sie die drei Flehenden lachend nieder: "Hinweg mit euch, ihr deutsche Hundsbrut..."

Der Bauer Renz, an sich in einem sicheren Versteck, verläßt dies unglücklicherweise, als er seine beiden Kinder ihn suchen sieht. Die kleine Gisela ist erst vier Jahre alt, der Sohn Günther eben erst neun geworden. Aus dem einzigen Wunsche, die Bedrohten mit in sein Versteck zu ziehen, ruft er leise ihre Namen über die Wiesen, worauf die beiden Kinder freudig auf ihn zueilen. Er nimmt sie glücklich an die Brust, küßt ihnen die Tränen von den Wangen, kuschelt sie neben sich in seiner Mulde ein - als schon zwei Soldaten suchend herankommen, die den Lauf der Kinder beobachtet haben und ihnen wie witternde Jagdhunde folgten. Sie hätten ihn vielleicht nicht entdeckt, hätte das Kleinste nicht plötzlich zu weinen begonnen - wie rasch ihm auch der Vater mit seiner Hand den Mund verschloß, der erste Ton hat den Suchenden schon sein Versteck verraten.

"Heraus mit dir, du verfluchter Zwab, sonst erschießen wir dich in deinem Grab!" rufen sie lachend, sichtlich heiter ob ihres guten Fundes, krümmen die Finger an den Bügeln.

Renz tritt kalkweiß heraus, an jeder Hand ein Kind. "Laßt wenigstens diese laufen", bittet er heiser, "wenn ich schon selbst nicht darf..."

"Die deutsche Brut? Die geht mit dir! Sind in zehn Jahren selbst Männer, die wieder deutsche Hunde zeugen, sind in zehn Jahren selbst Weiber, die wieder deutsche Hunde gebären..." Dann streiten sie noch eine Weile miteinander, wer von ihnen als erster sterben soll, es siegt zu allem noch der Verworfenste, der dem Vater auch das letzte noch antun will. So hebt er schließlich den Kolben, schmettert das vierjährige Mädchen mit einem Schlag zur Unkenntlichkeit, das Söhnchen aber müssen sie am Vater selbst erschlagen, das deckt der mit dem breiten Leib so lange, bis er selbst durch Hiebe auf den Kopf zusammenbricht...

* * *

Aber nicht alle werden gleich dort erschlagen, wo man zufällig in den Hofen auf sie stößt. Ein Offizier läßt sechsundvierzig von ihnen zusammentreiben, am Rande eines kleinen Waldes vor einem Hang aufstellen. "Mit euch werden wir jetzt Schießübungen machen", erklärt er zynisch, "auf diese Weise lernen meine Soldaten es am besten!"

Er schickt einen Melder an die Linie des Regiments, läßt den dortigen Schützen ausrichten, daß gleich lebendige Scheiben über die Kimmung kämen, an denen sie fleißig das Treffen üben könnten. Dann teilt er sie in drei gleiche Gruppen ab, läßt sie ein langes Glied zu zweien bilden, sagt zum ersten Paar mit bösem Lachen: "Nun lauft los, dort den Hang hinauf - wer nicht getroffen wird, darf sein Leben behalten!"

Die sechsundvierzig Deutschen stehen wie erstarrt, die ersten sind zwei Männer, der eine heißt Gustav Schubert, er ist schon fünfundsechzig Jahre alt, der zweite heißt Kurt Kempf, er ist erst zweiundzwanzig Jahre alt. "Du hast noch Aussichten", sagt der Greis, "aber meine alten Beine..."

"Wird's nun bald!" schreit der Offizier, zieht die Pistole. "Wer nicht laufen will, den erschieße ich selbst..."

Da laufen sie los, der Junge flieht in weiten Sprüngen, der Alte keucht nur humpelnd hinterher. Die vierundvierzig folgen ihnen mit starren Augen, aber auch dem Jungen hilft sein Springen nichts - zu viele stehen oben auf dem Hang mit schußbereiten Gewehren, es knattert fröhlich wie bei einer Hasenjagd über das weite Feld. Der junge Bursche fällt sogar zuerst, dann schlägt der Alte aufs Gesicht...

"Das nächste Paar!" brüllt der Offizier. "Das sind Schützen!" Die herumstehenden Soldaten klatschen Beifall, in der Nähe spielt jemand auf der Ziehharmonika, er spielt einen heiteren polnischen Volkstanz.

Die nächsten beiden sind ein Ehepaar, es ist der alte Bauer Jaensch mit seiner Frau. "So komm denn, Hedwig", flüstert er heiser, "gib mir deine Hand - sind wir durchs Leben zu zweit gegangen, wollen wir auch im Tod zusammengehen..."

Auch diese beiden kommen nicht einmal halb den Hang hinauf, dann stürzen sie gemeinsam wie sie liefen ins hohe Gras...

Die dritten beiden sind wiederum ein Ehepaar, Hemmerling mit Namen, sind jung verheiratet, beide im besten Alter von dreißig Jahren. Die junge Frau verliert im letzten Augenblick den Mut, ist nur mit Kolbenschlägen von seinem Halse loszumachen. "Sei vernünftig, Erna", bittet der Mann, "sollst einmal sehen, wir beide schaffen es, sind doch noch jung, müssen nur im Zickzack laufen..."

"Wird's jetzt bald!" schreit der Offizier durch die Zähne, in denen sich eine Zigarette klemmt.

Da laufen auch sie, aber die junge Frau hat so schwache Knie, daß er sie förmlich mit sich zerren muß. So trifft denn auch sie der erste Schuß, er aber läuft von diesem Augenblicke an nicht mehr weiter, nimmt sie am Boden kniend in die Arme, wiegt sie solange mit ergreifender Bewegung hin und her, bis er selbst lautlos über ihr zusammensinkt...

So geht es weiter, bis die erste Gruppe, sechs Paare mit zwölf Menschen, den Hang mit kleinen Haufen übersät. Gerade treibt der Offizier das erste Paar der neuen Gruppe an, als über den Hang herunter ein höherer Kommandeur auf sie zukommt. Er sieht den anderen nur mit kurzem Blicke an, sagt dann wie mit erstickter Stimme: "Ist jetzt genug gemordet - ihr anderen könnt gehen."

Da tritt Else Kubatz vor, ein tapferes junges Mädchen, das jetzt als zweite steht, sagt mit bittender Stimme: "Wenn Sie uns schon retten wollen, geben Sie uns ein Papier, sonst schießen sie uns hinten doch zusammen..."

Der Offizier sieht sie kurz an, zieht einen Block aus der Tasche, schreibt ein paar Zeilen drauf. "Nun könnt ihr ruhig nach Hause!" sagt er dann, reicht ihr den Zettel mit kleiner Verbeugung zu.

Aus der Gruppe bricht lautes Schluchzen, das Mädchen nimmt den Zettel, setzt sich allen an die Spitze, so ziehen die Geretteten ins Dorf zurück. Sie haben aber kaum die Dorfstraße erreicht, als der mörderische Offizier von neuem auftaucht, von einem Haufen johlender Soldaten begleitet. "Zurück mit euch!" brüllt er rasend. "Ich werde euch..."

Die Soldaten schlagen auf sie ein, ein paar Sichweigernde werden niedergeschlagen, das Mädchen hebt bittend den Zettel auf. "Her mit dem Wisch!" ruft der Offizier, reißt ihn ihr aus der Hand, zerreißt ihn zu kleinen Fetzen. So ziehen sie denn auf den alten Platz zurück, sind nach kurzem wieder, wo sie beim ersten Male standen. Als erstes Paar steht jetzt Johanna Schwarz, an ihrer Hand der dreijährige Erhard Prochnau, dessen langjähriges Kindermädchen sie ist. Als zweites Paar ein junges Mädchen namens Irma, neben ihr die tapfere Else Kubatz, als drittes Paar Frau Hanke mit ihrem Pflegesohn, einem blonden Knaben von sieben Jahren.

"Nun vorwärts - wie vorher!" schreit der Offizier, zieht die Peitsche durch die Luft.

Da macht das Kindermädchen mit einem Aufschluchzen die erste Bewegung, weil aber der Kleine mit seinen winzigen Beinchen nicht Schritt halten kann, nimmt sie ihn nach wenigen Sprüngen auf den Arm. Johanna Schwarz hat einen zu kurzen Fuß, sie kann dadurch fast gar nicht laufen, sich nur in eigenartigen Sprüngen vorwärts schnellen, so erreicht eine der vielen Kugeln sie denn auch bald - aber sie läßt ihren Schützling nicht fallen, mit ihm im Arme sinkt sie auf die Knie, wälzt sich im Tode noch wie schützend über ihn, obwohl es auch ihm selbst schon die kleine Brust zerriß. Aus der Gruppe der Zurückgebliebenen steigt ein spitzer Schrei, eine junge Frau folgt weit vorgebeugt dem Laufe des Mädchens, sie hat einen sechs Monate alten Säugling auf dem Arm, ein vierjähriges Mädchen an der linken Hand. Es sind die Geschwister des kleinen Prochnau, sie selber aber ist die Mutter dieser drei... (Vgl. Anhang, Bilddokument 11.)

Jetzt ist die Reihe an dem Mädchen Irma, im letzten Augenblick aber wirft es sich zurück, drängt es sich zitternd nach hinten, so daß Else Kubatz plötzlich allein steht. Sie blickt einen Atemzug fragend auf die Reihe, aber über ihre Lippen kommt kein einziges Wort. Schon macht sie eine Bewegung, um den Weg allein anzutreten, als sich Frau Hanke unvermittelt vor sie schiebt: "Laß mich erst!" stößt sie hervor. "Ich halte es nicht mehr aus, ich will nicht mehr..." Sie wendet sich ein wenig, schiebt den Knaben vor sich hin, sagt klanglos zu dem Offizier: "Laßt wenigstens dies Kind, es ist eine Waise, ist mein Pflegesohn..."

"Keine Ausnahmen hier!" sagt der nur. "Auch die Nester müssen leer werden..."

Der Kleine dreht sich um, wirft sich gegen ihren Leib, gräbt sein Gesicht in ihre Schürze, schreit erstickt in sie hinein: "Wenn sie dich hier erschießen, will auch ich nicht mehr leben..."

Da nimmt die Frau den Pflegesohn still an der Hand, geht dann mit unbeweglichem Gesicht, den Oberkörper steil aufgereckt, in langsamen Schritten ihren Todesweg - der kleine Leib an ihrer Seite bebt wie Laub, die kleine Hand zittert in ihrer großen wie ein Vögelchen, aber auch über seine Kinderlippen kommt keine Klage mehr. Das Geschrei der Soldaten hält einen Augenblick inne - ergreift die Haltung jener Frau selbst diese Unholde? Nur die Ziehharmonika singt langgezogen weiter, die schon von Anfang ein Soldat spielt, der an der nahen Feldküche auf einer Kiste sitzt. Das Feuer unter dem Kessel knistert deutlich herüber, aus ihrem Schornstein kräuselt friedlich blauer Rauch, das Lagerleben der Soldaten spielt sich hundert Meter weiter ab, als ob auf diesem Platz nicht das geringste geschähe...

Jetzt ist die Reihe unabwendlich an Else Kubatz. In diesem Augenblick tritt aus dem Lager zum zweitenmal der Kommandeur, bleibt vor dem andern Offizier mit dünnem Munde stehen, sagt kaum vernehmlich durch die aufeinandergepreßten Zähne: "Ich habe Ihnen schon einmal gesagt, daß es jetzt genug ist mit der Mörderei!" Dann zieht er wieder den Block heraus, schreibt zum zweitenmal einen Zettel, reicht ihn wiederum dem großen Mädchen Else...

Keiner der dreißig weiß mehr, wie er von diesem Platze kam, aber sie erreichten alle ein Haus, es geschah ihnen auch nichts mehr. Die Leichen der Erschossenen aber schleiften die Soldaten noch am gleichen Tage in den Wald von Targowisko, einen alten Föhrenwald, zwischen dessen riesigen rötlichen Stämmen in stiller Schönheit viele schneeige Birken stehen. Mitten in diesem Walde liegt eine Viehtränke, ein tiefes Loch im gelben Lehm, in dieses Wasserloch warfen sie die Toten. Es war jedoch nicht tief genug für alle, so blieben mehrere Gesichter überm Wasser. Als letztes hatte man die kleinen Kinder hineingeworfen, so daß sie fast unbedeckt auf den Körpern der anderen lagen, der dreijährige Prochnau lag zufällig neben seinem treuen Kindermädchen, der siebenjährige Pflegesohn Busse aber in den Armen einer alten Frau. Als allerletztes aber hatte ein Pole einen toten Hund herbeigeschleift, ihn unter wildem Siegesgelächter zu ihnen hinabgeschleudert: "Mögen sie mit dieser Hundetöle zusammenliegen, die verfluchten Deutschen, da sie doch einmal hundeblütig sind..." (Vgl. Anhang, Bilddokument 12.)

6

Mord am Jesuitersee

Um die gleiche Stunde trieb man noch einen anderen Haufen auf der Straße nach Hohensalza dahin, der aber zog an der brennenden Kirche vorbei die gerade Straße weiter dem Jesuitersee zu. Diesmal waren es an fünfzig Menschen aus dem Bromberger Stadtbezirk, die man wohl anfänglich lediglich zur Evakuierung aus der Stadt gebracht hatte. Kurz hinter der Kirche ließ der Transportführer jedoch halten, gab darauf den Befehl, die Frauen mit den Kindern aus dem Trupp herauszunehmen. Man riß die Frauen von den Hälsern ihrer Männer, die Kinder von den Armen ihrer Väter, jagte die Männer dann in eine nahe Schneise und ließ sie dort in zwei Gliedern Aufstellung nehmen, während die Frauen von ihrem Platze aus zusehen mußten. Zwei Soldaten hoben ein Maschinengewehr vom Wagen, brachten es in der Mitte zur Aufstellung, schwenkten es probeweise von Flügel zu Flügel durch.

In diesem Augenblick kommt ein zweiter Trupp von Deutschen heran, der jedoch zu zwei und zwei an den Händen gefesselt ist. Die Maschinengewehrschützen halten inne, ein langes Palaver mit den Neuangekommenen beginnt. Die deutschen Frauen sehen mit starren Augen auf die streitende Gruppe, wird sich ihre Eskorte oder die neuangekommene durchsetzen? Aber schließlich setzen die Neuen sich durch, das Maschinengewehr wird wieder aufgeladen, die neuen Gefangenen werden mit den alten vereinigt, das Ganze setzt sich wieder nach Osten in Bewegung. Nur die Frauen mit den Kindern bleiben zurück, sie sehen dem Zuge so lange als möglich nach, aber bald sehen sie nur noch eine hohe Staubwolke, die wie eine wandernde Säule unheildrohend über ihnen schwebt.

Der lange Zug marschiert lautlos dahin, keiner darf mit dem anderen sprechen, sofort schlägt die Bewaffnung mit Kolben darein. Ihre Aufseher sind Feldgendarmen, durch ihre Roheit längst berüchtigt. Sie können keine zehn Schritte tun, ohne jemandem einen Fußtritt zu versetzen, ohne jemandem in die Nieren zu schlagen. Von diesen jähen Rucken sind die Handgelenke der meisten blutig - da die scharfen Handschellen ihre Gelenke ohne jeden Spielraum verbinden, leidet fast immer auch der zweite unter solchen Schlägen mit. So strömt fast von allen Händen das Blut herab, bei vielen zudem von den Gesichtern, die oft von lauter Schlägen ganz verschwollen sind.

Als sie am Jesuitersee vorüberkommen, der an einer Stelle bis auf hundert Meter an die Straße stößt, treffen sie auf eine dort lagernde Militärformation. Ein neues Palaver entspinnt sich, de Feldgendarmerie will anscheinend nicht weiter, sondern in ihrem angestammten Bezirk bleiben, so übergeben sie die Gefangenen dem Militär, fahren alsbald mit ein paar Wagen ins Stadtgebiet zurück. Kaum sind sie eine kurze Weile fort, als ein Offizier die Gefangenen wiederum antreten läßt, mit dem Gesicht zum See in einer langen Reihe aufstellt.

Es sind jetzt insgesamt einundvierzig Männer, sie stehen etwa zehn Meter vom Ufer entfernt im weißen Sand, vor ihnen plätschert das Wasser mit leisen Wellenschlägen, in den nahen Binsen wiegt sich mit gläsernem Flüstern der warme Wind, die Sonne blitzt mit sommerlichem Gleißen auf der weiten Fläche, der Himmel ist so fleckenlos blau wie an einem Feiertag. Die meisten der Männer sind zahllose Male in diesem See geschwommen, war er nicht der beliebteste Ausflugsort der ganzen Stadtbevölkerung? Wie viele ihrer schönsten Feiertage haben sie hier verbracht, mit Frau und Kindern in frohem Wasserspiel von morgens bis abends? Und nun sollen sie hier enden, gerade an dieser Stätte, an der sie so viele Male fröhlich waren? Sie sehen vor sich den langen Bootsteg, wohl sechzig Meter weit ins Wasser hinein, von dem sie ungezählte Male abfuhren, zu viert in einem der leichten Ruderkähne, oder auch als kleine Gesellschaft in einem schlanken Segelboot. Sie wissen hinter sich die vielen Pavillons, an denen es Kaffee gab, für die Kleinen Limonade, abends auch wohl eine Kapelle spielte, zu der man ausgelassen miteinander tanzte. Und nun sollen sie hier enden, gerade hier an ihrem Lieblingsplatz...?

Keiner von ihnen darf sich umblicken, so werden ihnen die Minuten zu Stunden. So können sie auch nicht sehen, was man hinter ihnen treibt, aber sie hören sehr wohl das Klirren, das repetierende Gewehrschlösser von sich geben. Es ist zu Ende, denken sie alle, leb denn wohl, du schöner See, du blaues Wasser... Nie mehr werde ich in dir schwimmen, nie mehr mit leichten Ruderschlägen dich durchkreuzen, nie mehr mit weißen Segeln über dich hinweggleiten... Dennoch erhebt sich kein Schrei, erhebt sich kein einziges Bitten, so lang die Reihe der Todgeweihten auch ist, so viele junge Menschen auch darunter sind. Der eine sieht im Glast des Wassers seine Frau sich spiegeln, der andere vor sich im Sande noch einmal seine Kinder tollen, ein junger Mensch aber sieht jählings ein Gemälde vor sich, das er seit vielen Jahren seltsamerweise wie kein anderes liebt: Die Erschießung der elf Schillschen Offiziere! Auch sie standen auf jenem Bilde wie sie hier, immer zu zweit und zwei aneinandergefesselt - so will er jetzt auch sterben wie sie, stirbt er nicht auch wie sie für Deutschland? Für jenes Großdeutschland, das er so glühend liebte, für das er seine ganze Jugend gearbeitet - nun wird er das geliebte Land nicht mehr erschauen, nun kann er nur eines noch für jene Erde tun, kann er nur noch anständig für sie sterben...

Er ist gerade bei diesem Gedanken angelangt, nur anständig sterben, sagt er immer wieder vor sich hin, anständig wie sie, wie meine geliebten Schiffschen Offiziere - als in seinem Rücken ein fürchterliches Feuer anhebt, es sich aus einem Dutzend Gewehren schmetternd über sie ergießt, ein Hagel aus einem Dutzend Pistolen sich über sie wirft. Die eine Hälfte stürzt sofort zusammen, noch steht am rechten Flügel allein der Junge, sein Kamerad liegt tot an seiner Seite, nur sein Arm streckt sich noch zu ihm empor, seinem Handgelenk durch die Fessel unlöslich verbunden. Da reißt der junge Mensch sich mit der linken Hand das Hemd auf, schlägt sich mit der geballten Faust dröhnend auf die Brust, schreit in der Haltung des berühmten Leutnants von Wedell, schreit es so lange, bis auch er zusammenbricht: "Heil Hitler... Heil Hitler... Heil Hitler..."

Mit seinem letzten Rufe hört das Schießen unerwartet auf, hat ihm vielleicht doch jemand Einhalt geboten, ist ihnen im letzten Augenblick ein Retter erschienen? Ein paar der noch Sterbenden wenden jetzt doch die Köpfe, sehen in fassungslosem Erstaunen die Soldaten flüchten, die meisten rennen in langen Sprüngen hinter die Pavillons, viele werfen sich aber auch nur kopflos in die nahen Binsen. In der jäh folgenden Stille erkennen sie erst den Grund, hoch über ihnen zieht brausend ein deutscher Flieger dahin, aus panischer Angst vor seinen Bomben haben die Soldaten ringsum die Deckung gesucht.

"Erkennst du uns dort oben", schreit es in den Gefangenen, "kannst du von dort aus sehen, was hier mit deinen Brüdern geschieht? Oh, wirf doch deine Bomben herab, wenn du auch uns damit triffst - nur gib uns den letzten Triumph, daß sie in deinen Bomben enden..."

Ein paar der Deutschen aber sind jählings wieder voller Klarheit, in irrsinniger Verzweiflung zerren sie an den Fesseln, die sie fast unlöslich an die schweren Leiber schon Gefallener ketten, wenn sie sich in diesem Augenblick nicht retten können... Aber es gelingt im ganzen nur sechs Männern, diese wenigen Sekunden zur Flucht zu benutzen, einer kann sich sogar in wildem Aufbäumen die Fessel eines Toten vom Handgelenk streifen, die anderen fünf sind Ungefesselte, zudem zum Glück auch nur leicht verwundet. Der von der Fessel Befreite, ein älterer Mann namens Reinhardt, springt sofort zum Wasser hinunter, schwimmt ungesehen zu einer ihn verbergenden Schilfinsel, ein anderer namens Gruhl erreicht einen der Pavillons, unter dessen Pfahlbauten er unauffindbar wird. Die vier übrigen erreicht das Schicksal trotzdem, der eine von ihnen ist schon schwer verwundet, daß er bald darauf in einem jener Boote stirbt, das er gerade noch unbemerkt erreichen kann, die anderen werden auf ihrer Flucht am See entlang wie Hasen abgeschossen... (Vgl. Anhang, Bilddokument 13.)

Der deutsche Flieger aber braust dröhnend weiter, er hat sie aus der großen Höhe nicht gesehen, wie sollte er auch solche Geschehen ahnen können! So springen die Polen denn auch bald wieder auf, stürzen sich jetzt wie Berserker auf die letzten - macht sie die ausgestandene Angst völlig sinnlos, erhitzt sie das Entkommen einzelner bis zur Siedeglut? So schlagen die einen die letzten Sterbenden nur mehr mit Kolben nieder, die anderen stechen mit ihren Bajonetten in die schon Fallenden hinein, daß einzelne Körper bis zu dreißig Stiche davontragen. Dann aber schleifen sie die ganzen achtunddreißig Menschen zum Steg hinauf, ziehen sie an Armen oder Beinen die sechzig Meter über die Planke bis zur Spitze, werfen sie von dort aus in den tiefen See.

Da jedoch kaum die Hälfte von ihnen tot ist, die meisten doch erst schwer verwundet sind, sich auch jetzt noch durch Schwimmen zu retten versuchen, erhebt sich nach diesen von der Brücke aus ein neues Feuer. Manche klammern sich gleich an die Pfähle des Steges, ihnen zerschmettert man die Finger mit den Kolben, sticht man mit den Bajonetten in die Arme, andere schwimmen mit letzter Kraft zu nahe liegenden Booten, klammern sich mit ihren zerschossenen Händen an ihre Ränder, ihnen zielt man so lange nach den bleichen Gesichtern, die vor irrem Entsetzen kaum mehr die von Menschen sind, bis sie auch diesen letzten Halt loslassen, es auch sie mit jähem Ruck ins Wasser reißt. Lange noch taucht ein blutiger Kopf nach dem anderen aus den Wellen, im Kampf mit dem Wasser flehentlich der Brücke zugewandt, aber das Feuer der Soldaten verstummt erst endgültig, als auch der letzte hilflos untersinkt... (Vgl. Anhang, Bilddokument 14.)

7

Das Massaker von Slonsk

Die große Treibjagd zieht immer weitere Kreise. Kaum hat sie sich in den alten deutschen Grenzprovinzen ausgetobt, greift sie mit gierigen Händen ins flache Land hinein. Wo eine deutsche Siedlung ist, sei es auch weit im alten Polen, springt der sengende Funke hinüber. So faßt die Flamme nach der Vernichtung des Bromberger Gebietes, nach dem Ausbrennen des ganzen Posener Landes, nach der Ausrottung des Deutschtums im Thorner Becken, auch die dreihundert Jahre alte Siedlung im Dorf Slonsk, von einem polnischen König her mit manchen Privilegien bedacht. In diesem Dorfe, von echten Niedersachsen bewohnt, lebt nur ein einziger Pole, was konnte hier der Grund sein, wen hatten die Deutschen hier unterdrückt?

Einige Tage nach dem Geschehen am Jesuitersee erscheint im Hofe des Friedrich Elgert, des Schmiedemeisters im Dorfe Slonsk, ein Kavalleriewachtmeister mit einigen Hilfspolizisten, die auf den Armen weißrote Binden mit blauen Stempeln tragen. Elgert sitzt gerade mit den drei Söhnen beim Mittagessen, als der Wachtmeister die Tür mit schwerem Reiterstiefel aufstößt. "Was ist hier für eine Versammlung?" herrscht er die Deutschen brummig an.

"Wir sitzen gerade beim Mittag", sagt der Schmiedemeister ruhig. "Habt ihr ein Radio, habt ihr Waffen?" fragt der Wachtmeister. "Weder das eine noch das andere", antwortet der Schmiedemeister, öffnet die Nebentür zur Durchsuchung.

Die Hilfspolizisten stöbern alles durch, der Wachtmeister sagt schließlich deutsch: "Deine Söhne sollen sich warm anziehen, ich muß sie mit mir nehmen, sollen bei der Schwadron Pferde beschlagen..." Darauf nahmen sie die drei Söhne in die Mitte, zogen mit ihnen in Richtung Chiechozinek ab.

Am gleichen Abend kommt eine Kavalleriepatrouille ins Dorf, sie sucht in allen Häusern nach Schriften aus Deutschland. Die Ulanen ziehen jede Schublade heraus, streuen den Inhalt in die Stuben. Der Patrouillenführer steckt einen Füllfederhalter ein, die Soldaten nehmen alles Silberzeug an sich. Ein ziviler Hilfspolizist, der mit einem Jungbauern zur Schule ging, kann seinem Bekannten noch zuflüstern, daß er möglichst bald fliehen möge, da General Bortnowski befohlen habe, daß alle Deutschen auszurotten seien. Bortnowski ist der Führer der sogenannten Korridorarmee, die in den alten deutschen Provinzen steht. Da dieser Jungbauer den Rat sofort befolgte, ist er einer der wenigen Männer, die dem Massaker von Slonsk entkamen.

Beim Bauern Koerber verlangt die gleiche Patrouille Hafer, läßt sechzig Kilogramm durch den Sohn nach Chiechozinek bringen, der auch nach kurzer Zeit noch heil ins Dorf zurückkehrt. Am gleichen Nachmittag kommt die Patrouille nochmals, verlangt zum zweiten Male sechzig Kilogramm Hafer, diesmal fährt der Bauer mit dem Sohne hin, von einem dunklen Angstgefühl dazu getrieben. Als sie den Hafer abgeladen haben, läßt man Sohn wie Wagen nicht wieder fort. "Du kannst jetzt gehen", sagt man zum Alten.

"Aber ich habe schon zwei Söhne im Kriege, er ist der letzte, wie soll ich die Herbstbestellung machen?" sagt der Bauer.

"Wenn er dir leid tut, kannst du selber bleiben!" ist die Antwort. So geht er denn allein zurück, ohne die schönen Pferde, ohne den Wagen, ohne Sohn.

Beim Bauern Gläsmann erscheint ein Offizier mit einer berittenen Patrouille, verlangt auch dort die Beladung eines zweispännigen Wagens mit Hafer. Vor der Abfahrt prüft der Offizier die Papiere des Bauern wie seines Sohnes, gibt den Paß des Bauern mit dem Bemerken zurück, daß er als gedienter polnischer Soldat wohl unschuldig sei. "Also fährt der Sohn den Hafer!" setzte er unvermutet hinzu.

"Aber mein Sohn ist auch unschuldig!" ruft der Bauer beteuernd aus, von dunkler Angst umklammert.

"Unschuldig ist er vielleicht", antwortet der Offizier lächelnd, "aber ein junger Deutscher..." So fährt auch dieser Sohn davon, blickt lange zum Hof zurück.

Aus den fünf Nachbarhöfen holt diese Patrouille alle alten Männer heraus, treibt sie an den mit Hafer beladenen Wagen eines Bauern, dem frühere Patrouillen schon alle Pferde aus den Ställen holten, läßt sie den schweren Wagen im Trabe vier Kilometer nach Chiechozinek ziehen. Zu beiden Seiten reiten die Ulanen, des alten Polens ehrenreiche Reitertruppe, schlagen mit ihren Säbeln auf die Köpfe, daß bald allen das Blut über die Gesichter läuft. Fällt einer aber vor Ermattung um, denn es ist eine ganze Handvoll Achtzigjähriger darunter, so spalten sie ihm vom Pferd herab den Schädel. Nur ein Teil von ihnen erreicht das Ziel, die meisten enden schon im Staub des Weges...

* * *

Am gleichen Tage macht eine Kavalleriepatrouille, von drei anscheinend ortskundigen Zivilisten begleitet, im Vorbeireiten an dem

Schulwesen des Lehrers Daase halt, in dem aber nur die Lehrerfrau mit ihren zwei erwachsenen Töchtern anwesend ist. Das Daasesche Anwesen hat ein geräumiges Haus, das neben der Lehrerwohnug auch eine Schule enthält, außerdem schließt sich ein großer Betsaal an, der schon fast einer kleinen Kirche ähnelt. Auf der anderen Seite kommt gleich der Friedhof, über den uralte Föhren ihre Wipfel neigen. Im Obstgarten an der Straße entlang stehen sechzig Bienenstöcke - sind es diese Stöcke, die jene Reiter zum unvermittelten Anhalten bewogen?

Sie kommen polternd herein, fragen als erstes nach einem Radio, als zweites nach deutschen Büchern, als drittes nach versteckten Waffen. Den Radioapparat zerschlagen sie sofort mit ihren Kolben, einzelne deutsche Bücher werden auf einen Haufen gepackt, die Suche nach Waffen verläuft wie immer ergebnislos. Nach der Durchsuchung gleicht das Innere des Hause einem Kampfplatz, im Schlafzimmer sind sie mit ihren Reiterstiefeln auf den Betten umhergestiegen, in der Küche haben sie sämtliche Vorräte auf den Boden gestreut. Zudem schoben sie in ihre Taschen, was ihnen gerade in die Augen stach: Die gesamten Zloty, ein Taschenmesser, eine goldene Damenuhr. (Vgl. Anhang, Bilddokument 15)

Als sie in den ob seiner Schlichtheit rührenden Betsaal kommen, spuckt der Patrouillenführer vor dem Altartisch verächtlich aus. "Also evangelische Ketzer!" sagt er grimmig. "Dein Mann Pfarrer...?"

"Mein Mann ist Lehrer!" sagt Frau Daase leise.

Er fährt ruckhaft herum, packt sie an den Armen. "Wo ist er?" stößt er aus.

"Er wurde schon am zweiten Kriegstag weggeführt", sagt Frau Daase wieder, "zur Internierung nach dem Osten fortgebracht."

"Psyakrew!" flucht der Unteroffizier. "Das ist schon schade, aber sie werden ihn schon, auch dort werden sie ihn..."

Als letzten Raum durchsucht er das Schulzimmer, einen hellen Saal, mit seinen kleinen Kinderbänken fast lieblich anzusehen. "Und Deutsch gelehrt - natürlich - in dieser Teufelshöhle?" quetscht er durch die Zähne, spuckt wiederum aus, weit über die Bänke hinweg. "Nun, das ist jetzt vorbei für immer - kein deutsches Wort werdet ihr mehr lehren - in unserem heiligen Polenland! Nur wenige Tage noch, dann sind wir in Berlin, werden euch dort diktieren..." Er wendet sich auf dem Absatz herum, tritt wieder in die Küche. "Und jetzt mit dem Honig heraus - mindestens sechzig Pfund!"

Frau Daase neigt den Kopf, holt alle Gläser zusammen. An sechzig Pfund, das ist alles, was sie im Hause hat... Sie gibt es dennoch fast gerne, was heißt das alles demgegenüber, daß ihr Mann nicht da ist, daß er nicht in ihre Hände fiel! Und die Töchter lassen sie anscheinend in Ruhe, den Töchtern wollen diese anscheinend nichts...

Die Reiter stopfen den Honig in die Satteltaschen, reiten alsdann die Straße nach Chiechozinek zurück. Als sie an dem schönen Glockenturm vorbeikommen, der unweit des Daaseschen Hauses auf der linken Seite steht, zu dem kleinen Bethause gleichsam den Kirchturm abgibt, einem wunderbaren Holzbau aus einem früheren Jahrhundert, speit er im Vorbeireiten auch diesen noch an.

So ist Frau Daase abends fast fröhlich mit ihren Töchtern - aber sie haben sich über den guten Ausgang zu früh gefreut. Kurz vor Mitternacht dröhnt es wieder an ihrer Haustür, auf ihr Öffnen treten die drei Zivilisten vom Nachmittag herein. Der eine führt Frau Daase sofort in die Küche, heißt sie sich in eine Ecke stellen, setzt sich mit gezücktem Bajonett vor sie hin. Jeder der beiden anderen Zivilisten, von denen einer einen alten Säbel, der andere einen Browning trägt, nimmt sich daraufhin eine der beiden Töchter, geht mit je einer in ein besonderes Zimmer, der erste mit der älteren in das Schlafzimmer, der andere mit der jüngeren in die Kammer.

"Ich muß eine Leibesvisitation machen!" sagt der im Schlafzimmer. Er heißt das Mädchen sich aufs Sofa setzen, setzt sich mit ungeschicktem Gebaren dicht neben sie, beginnt sie am ganzen Leibe abzutasten, aus den Winkeln seiner Lippen tropft Speichel. Sie hält zitternd still, beginnt leise zu weinen. Plötzlich wirft er sie auf den Rücken, reißt ihr mit jähem Griff den Rock herunter. Sie wehrt sich mit allen Kräften, beginnt schrill um Hilfe zu schreien. Eine Zeitlang kämpfen sie miteinander, aber ihre Verzweiflungskraft ist ihm gewachsen. Da zieht er wütend den Browning, hält ihn ihr auf die Stirn: "Gibst du jetzt Ruhe, du Hundeblut, sonst erschieße ich dich..." Aber sie gibt auch jetzt nicht nach, wehrt jeden neuen Angriff tapfer ab. Endlich läßt er sie in Ruhe, steckt den Revolver wieder ein. "Wenn ich dich erschieße, was hab' ich schon von dir, glaubst du vielleicht, ich will eine Leiche..." lacht er höhnisch.

Daraufhin geht er in die Kammer hinüber, findet das zweite Mädchen weinend auf dem Bett, während der Zivilist sich eine Zigarette dreht. "Du mußt mir helfen", sagt er finster. "Hast mehr Glück gehabt, wie es scheint..."

Der zweite Zivilist lacht heiser auf, folgt ihm sofort ins Schlafzimmer zurück. Das Mädchen ist in die äußerste Zimmerecke geflüchtet, jetzt aber hilft ihr aller Kampf nichts mehr. Sie springen sofort auf sie zu, stoßen sie auf den Stubenboden - während einer sie am Halse würgt, daß sie vor Luftnot kraftlos wird - wirft der andere sich wütend über sie, macht sie sich mit unmenschlicher Roheit untertan...

* * *

Am nächsten Morgen erscheinen wieder Patrouillen, alle kommen aus Chiechozinek, wo ein höheres Kavalleriekommando seinen Standort hat. Wieder werden einige Bauern mit Fuhrwerken requiriert. Bisher ist im ganzen Dorf noch kein Schuß gefallen, dennoch wird es mit jeder Stunde von Männern leerer. Noch einige Tage lang geht es in der gleichen Weise weiter, schließlich ist im ganzen Dorfe kaum mehr ein Mann. Wo sind sie denn um Gottes willen alle hingekommen - werden sie denn niemals in ihr Dorf zurückkehren?

Sie kehren nicht zurück, werden niemals zurückkehren. Eines Tages fand man zufällig ein Massengrab, in ihm lagen achtundfünfzig Leichen aus dem Slonsker Dorfgebiet. Man fand in ihm die drei stolzen Söhne des Schmiedemeisters Elgert, ihre Gesichter waren so furchtbar zugerichtet, daß er sie nur an ihren Kleidern wiedererkannte. Einem hatte man die neuen Schuhe ausgezogen, alle waren ohne ihre warmen Wintermäntel. Man fand in ihm den jungen Koerber, den sie nicht wieder fortgelassen hatten, ihm mußten sie ins Gesicht geschossen haben, während er die Hände vor die Augen hielt, denn seine Hände waren beide durchschossen. Man fand in ihm den jungen Bauern Gläsmann, den der Offizier um seines Deutschtums willen schuldig sprach, fand neben ihm alle Söhne seiner Nachbarn, einigen von ihnen waren die Bäuche aufgeschlitzt, anderen hatte man die Augen ausgestochen. Einem jedoch hatte man die Zunge abgeschnitten, einem anderen das Herz aus der Brust gerissen.

Schließlich fand man in diesem Grabe auch die alten Männer, die den Haferwagen hatten aus dem Dorfe ziehen müssen. Es war ein Neunzigjähriger dabei, zudem viele Achtzigjährige, keiner von ihnen aber zählte unter siebzig Jahre.

So kehrten sie nur tot zurück, die Männer von Slonsk, in ihren Friedhof unter den Föhren.

8

Das Schicksal des Fabrikanten Mathes und seiner Söhne

Schon am Tage des Kriegsausbruches hatte man in Bromberg sogenannte Evakuierungszüge zusammengestellt, die wohl ursprünglich mit der Bahn zur Internierung nach dem Osten gehen sollten, die man aber wegen völliger Verstopfung der Eisenbahnlinien schließlich alle in Fußmarsch setzte. Einer der ersten großen Verschlepptenzüge dieser Art war der aus Bromberg, an dem der heutige Führer des Deutschtums Dr. Kohnert teilnahm, ein anderer brach unter der Führung des Pfarrers Dietrich aus dem Thorner Gebiet auf, einer der letzten war der kleine Zug von zweihundert Männern, den man in Bromberg an der Kaserne am Bahnhof zusammenstellte.

Als man den Möbelfabrikanten Mathes am Abend des Blutsonntags in die Kaserne treibt, von seinen beiden Söhnen begleitet, von denen der eine erst dreizehn, der andere erst fünfzehn Jahre zählt, erblicken sie in der Mitte der Reithalle ein halbmannshohes Podium. Neben diesem Podium steht ein junger Offizier mit einer Reitpeitsche, der darüber wacht, daß jeder Neuangekommene mit einem Sprung auf dieses Podium gelangt. Wer das nicht auf das erste

Kommando erreicht, sondern mit Klettern hinaufzukommen sucht, wird während seiner Versuche erbarmungslos geschlagen. Die Halle füllt sich von Minute zu Minute mehr, meist sind es Väter mit ihren Söhnen, der Mehrzahl läuft bereits beim Eintritt das Blut herunter, einige haben völlig zerquetschte Lippen, die meisten durch Kolbenschläge gebrochene Nasenbeine. Schließlich hat man vierhundert Männer auf diesem Podium zusammengepfercht, aber obwohl sich die bewachenden Soldaten wie eine Horde von Teufeln gebärden, bewahren die Männer durchwegs eine Haltung ruhiger Festigkeit.

Diese Haltung gerät nur gegen Mitternacht einmal ins Wanken, als ein junger Mann von zwanzig Jahren unvermittelt an den Rand des Podiums tritt, plötzlich mit erhobenem Arm auf die Soldaten hinunterschreit: "Heil Hitler!" Er hat diesen Ruf jedoch nicht einmal zu Ende sprechen können, denn mitten im Namen des Führers trifft ihn schon eine Kugel so in den Leib, daß er mit ausgebreiteten Armen von oben herab in den Sand der Reitbahn stürzt. Man schleift eine Bahre hinein, schleppt ihn im Laufschritt hinaus. "Den werden wir lehren, euren Gruß zu rufen..." schreien die Soldaten einander schäumend zu, während sie der Bahre in ganzen Haufen nachlaufen.

"Wer Militärpapiere hat, hier unten melden!" ruft der Offizier nach einer Weile. Eine ganze Reihe von Männern klettert herunter, man nimmt ihnen die Papiere einfach ab, sie sollen sie morgen beim Kommissar abholen. Einige Zeit später wird etwa die Hälfte ausgesucht, um am Bahnhof Munition aus den Zügen zu laden. Wer von den Männern konnte ahnen, daß diese mit dem Leben davonkommen sollten, als einzige fast von allen in dieser Kaserne? Etwa zweihundert Mann werden zu dieser Arbeit ausgesondert, die anderen zweihundert daraufhin im Marsch gesetzt. Man führt sie auf die Kujawierstraße, treibt sie in der Richtung nach Brzoza. Schon vor dem Kasernentor erwartet sie eine wilde Menge, die mit allen möglichen

Mordinstrumenten bewaffnet ist, einzelne schwingen uralte Säbel, andere haben offene Dolche, viele aber auch nur gewöhnliche Holzäxte in den verkrampften Händen. Diese Zivilisten schlagen sofort von allen Seiten auf den Zug ein, die Wachsoldaten wehren ihnen nicht, trachten sich nur davor zu schützen, daß sie von dem Geprassel der Schläge nicht selbst bekommen - können aber von den älteren Männern aus Luftmangel einige nicht mit, treiben sie diese selbst durch dauernde Bajonettstiche an, so daß schon nach den ersten hundert Metern viele zusammenbrechen, auf die sich das Volk sofort wie ein schwarzer Krähenschwarm wirft.

Kurz hinter der Stadt wird plötzlich "Halt!" gerufen, ein Offizier hält eine kurze Ansprache, schließt sie mit der Aufforderung, ein Hoch auf das heilige Polen auszubringen. "Wenn ihr das laut genug ruft, könnt ihr gleich nach Hause gehen..."

Die Gefangenen rufen es in schütterem Chor, er klingt nur dünn durch das Lärmen des Pöbels. Dann dürfen sie seltsamerweise wirklich gehen, der ganze Zug wendet sich zur Stadt zurück. Aber sie sind kaum bis zur Kujawierstraße Nr. 50 zurückgekommen, als es plötzlich von allen Seiten in sie hineinschießt. "Ich ahnte es doch!" ruft der Möbelfabrikant Mathes, deckt seine beiden Söhne mit dem Leibe, reißt sie als alter Frontsoldat sofort aufs Pflaster.

Als das Geknatter wieder verstummt ist, treibt man die Überlebenden erneut zusammen, setzt sie wieder in der alten Richtung in Marsch. Es sind jetzt nur mehr an hundertfünfzig Menschen, was verwundet liegen blieb, wurde von dem nachdrängenden Pöbel umgebracht. Zwei Stunden lang geht es in schnellem Lauf Brzoza zu, in der ersten Zeit wird jeder erschossen, der diesen Gewaltmarsch nicht mehr aushält, bald aber befiehlt der führende Offizier, wegen des Knallens keine Kugeln mehr zu nehmen. So schlagen die Soldaten denn jene, die vor Alter kraftlos zusammensinken, mit den Kolben ihrer Karabiner tot. Immer wieder hören die Gefangenen die dumpfen Schläge, die trotz des Getrappels ihrer Schritte weit durch die Nacht dröhnen, meist vom Geräusch eines brechenden Berstens begleitet.

Am Kilometerstein 10 biegt die Spitze links in den Wald, von hier aus führt man den Zug drei Kilometer auf Piecky zu, treibt den noch übriggebliebenen Rest in einen elenden Kuhstall hinein, der in seiner Gebrechlichkeit jeden Augenblick zusammenstürzen kann. Es ist ungefähr fünf Uhr morgens, man kann sich allmählich wieder erkennen, Mathes führt sofort eine Zählung durch, stellt mit verschnürter Kehle fest, daß sie im ganzen nur mehr vierundvierzig Mann sind, also über hundert auf dem kurzen Wege endeten. Alles beginnt nach dem Marsche sehr unter Durst zu leiden, denn der Staub der Straßen hat alle Schleimhäute ausgetrocknet. Sie können sich jedoch nicht einmal hinwerfen, da der Raum viel zu klein für sie alle ist, so schlafen sie nebeneinander stehend ein.

Gegen sechs Uhr tritt ein Korporal herein, fragt, ob einer von ihnen fließend Polnisch könne. Der kleine Heinz Mathes, der jüngere der beiden Söhne, ein Knabe von so frischem Wesen, daß er jeden für sich einnimmt, tritt sofort mit ihm ins Freie. Es entspinnt sich ein kurzes Verhör, in dem sie verbissen danach forschen, ob nicht mehrere unter ihnen sind, die aus dem Hinterhalt geschossen haben. Der Knabe versteht es, ihnen das gründlich auszureden, läßt dabei geschickt durchblicken, daß sein Vater ein reicher Mann sei, der viele Kostbarkeiten bei sich trage. "Wenn ihr uns drei lebendig nach Hause zurückbringt", sagt er schließlich, "händigen wir euch zu Hause unser ganzes Vermögen aus." Da lachen sie ob seiner Keckheit, schicken ihn wieder in den Stall zurück...

Nach einer Viertelstunde rufen sie ihn wieder, beginnen das Verhör mit ihm von neuem. Als er diesmal in den Stall zurückkehrt, ist sein hübsches Jungensgesicht fahlbleich. "Ich habe zufällig hören können, daß sie nach Benzin geschickt haben, um uns mitsamt der

Hütte zu verbrennen!" flüstert er dem Vater ins Ohr. "Nur uns Kinder will man nach Hause lassen, mehr habe ich nicht erreichen können..."

Wieder vergeht eine Stunde - welche eine Stunde der Qual! Wird man sie wirklich alle verbrennen, kann sie denn niemand wenigstens hiervon erretten, müssen sie zum Schluß noch um eine Kugel flehen? Die Gefangenen verfallen sichtlich unter diesem Gedanken, viele haben nach diesem Wissen nicht mehr die Kraft, sich noch länger tränenlos aufrecht zu halten.

Um sechs Uhr werden sie jedoch plötzlich alle herausgerufen, vor dem Stalle steht eine polnische Feldküche, von der jeder einen Becher Kaffee mit einem Zwieback erhält. "Nun bleiben wir doch leben!" steigt es in allen auf. Nur der Dreher Döring sagt mit Tränen in den Augen: "Wenn es nun aber unsere Henkersmahlzeit ist..." Auch der junge Heinz ist wieder hoffnungsvoll, hat er nicht zu allem eben gehört, daß sie nirgends in der Umgebung Benzin bekamen?

Dennoch ahnte der arme Döring das Richtige, kaum sind sie nach dem Kaffee wieder im Stall, als die Soldateska plötzlich die Hütte umstellt, mit sinnlosem Schreien unablässig ruft: "Immer drei heraus..."

Die drei dem Tor am nächsten gehen, sie haben draußen kaum ein paar Schritte getan, als es schon krachend aufbellt. "Die nächsten drei..." brüllt es herein. Und wieder gehen drei, was sollen sie auch tun? Sie sind ja alle so müde, so unmenschlich zerschlagen, so unerträglich gequält, in ihren Seelen wie in ihren Leibern, daß sich die meisten schon nach dem Tode sehnen, ihr Ende als selige Erlösung empfinden...

Wieder gehen drei, wieder gehen drei. Allmählich gibt es Platz, ein paar werfen sich rasch hin, um noch die Wohltat eines Ausruhens zu spüren, mag es auch noch so kurz sein. Endlich geht der kleine Heinz, obwohl er noch nicht dran ist, zufällig mit seinem

Vater ganz hinten saß, als das Herausholen der Gefangenen plötzlich anhob, noch einmal mutig an das Loch heran, bittet mit seiner hellen Knabenstimme, wenigstens ihn mit seinem Bruder zu schonen, was sie ihm doch zuvor versprochen hätten... Die Antwort ist jetzt ein Bajonettstich, der ihm die zarte Schulter durchbohrt - da wollen auch dem Kleinen die Knie wanken, wirft er sich dem Vater aufschluchzend in die Arme.

Wieder gehen drei, wieder gehen drei. Mit einem Male hören sie, wie der Korporal zynisch sagt: "Wir haben jetzt bald keine Patronen mehr - die letzten sind für dieses Hundeblut zu schade - stecht sie von jetzt an mit den Bajonetten ab..."

Und wieder drei - und wieder drei. Aber seitdem sie dieses wissen, gehen sie nicht mehr so ruhig hinaus - nicht einmal eine Kugel wird sie erlösen, nicht einmal **das** dürfen sie mehr erhoffen! Es fallen jetzt auch keine Schüsse mehr draußen, sie hören nur mehr erstickte Schreie durch die Bretterwand - "Mein Gott... O Himmel... Ach Jesus!" - dann meist noch ein paar dumpfe Kolbenschläge, deren nachfolgendes Bersten sie schon im Ohre haben...

Jetzt ist die Reihe an Mathes mit seinen Söhnen, sie sind zusammen gerade drei, ist das in dieser Stunde nicht ein tiefer Trost? Nur fünf stehen noch hinter ihnen, wie irre an die Wand geklammert, die werden nicht von selber gehen... Mathes nimmt seine Söhne an den Händen, geht zwischen ihnen zum Tor hinaus - wäre ich doch gleich zu Anfang gegangen, hämmert es mit dumpfem Wirbel in seinem Kopf: Dann wären meine Jungens wenigstens erschossen, nicht auf diese fürchterliche Weise umgebracht...

Aber als sie heraustreten, erhebt sich kein Bajonett gegen sie. Die beiden Korporale stürzen auf sie zu, die den kleinen Heinz mehrfach vernahmen, schieben sie ein paar Schritte vom Totenhaufen fort. "Gebt uns jetzt alles, wovon der Kleine sprach!" sagt der eine Korporal gierig. Da leeren sie umständlich ihre Taschen, reichen dem einen dies, dem anderen jenes wertvolle Stück. Aber sie machen es keinem der beiden recht, jeder blickt scheel auf das, was sie gerade dem anderen hinüberreichen - schließlich bricht auch ein jäher Streit auf, beide greifen nach der eben abgelieferten Golduhr, zerren daran wie ein paar Hunde an einem Knochen.

Diesen Augenblick erfaßt der alte Feldsoldat Mathes, blickt kurz jedem seiner Söhne in die Augen, rennt mit dem nächsten Atem mit weiten Sprüngen in den Wald. Die beiden Korporale kommen vor lauter Gier nicht einmal dazu, den dreien nachzuschießen - bis sie ihre Gewehre finden, sind die Flüchtlinge schon in den Bäumen verschwunden...

Vier Tage lang irren sie durch die Wälder, ohne das geringste zu essen, ohne auch nur einen Schluck trinken zu können. Sie pflücken im Walde Beeren, sie lecken den Tau von den Gräsern, am dritten Tage fangen sie Frösche, um nicht vor Entkräftung umzufallen. Aber die Zungen werden immer dicker, die Lippen sind aufgeschwollen, zudem ist es des Nachts eisig kalt, denn sie haben ja nur ihre Hemden an. Sie schlafen zur Nacht in Dickungen, machen sich dort Nester wie Rehe, aber allmählich brechen auch ihre Füße auf, denn die Halbschuhe trat man ihnen schon beim ersten Marsch herunter. Der kleine Heinz hält sich auch hier am besten, obwohl ihn der Bajonettstich in der Schulter schmerzt, mit einem Streifen des väterlichen Hemdes nur notdürftig verbunden. In der Nacht zum Donnerstag fällt kein Tau, da fühlen sie trotzdem das Ende nahen. Zudem sind sie allmählich ins Kriegsgebiet geraten, überall streifen versprengte Truppenteile durch die Wälder, die Furcht vor neuerlicher Gefangennahme frißt auch ihre Seelenkräfte. Als Bruder Horst endgültig zusammenbricht, zieht der kleine Heinz ein Stückchen Brot hervor, hält es spitzbübisch vor ihm in die Höhe: "Das hab' ich bis zu diesem Augenblick aufgehoben - jetzt leben wir sicher nochmals ein paar Stunden!" sagt er triumphierend. Ist er nicht ein echter Held, dieser kleine deutsche Junge - erspart sich heimlich eine eiserne Ration, bricht sie vier volle Tage nicht an! Und er hat richtig gerechnet, trotz seiner dreizehn Jahre - von diesem Brot kommt auch Horst noch einmal auf die Beine, mit neuen Kräften laufen sie weiter, immer weiter nach Westen zu...

Nachmittags zwei Uhr endlich, nach viertägigem Marsche, fast ohne zu essen, nur den Tau zum Trinken, erreichen sie die deutschen Truppen - als einzige Überlebende jenes Todeszuges, der beim Aufbruch aus Bromberg zweihundert Menschen zählte, den man nach dem Ort seines Endes aber den Pieckyschen nennt.

9

Der Verschlepptenzug aus Bromberg (Teil 1)

Als dieser Todeszug sich nach Piecky in Marsch setzte, war der Zug Dr. Kohnerts schon zwei Tage unterwegs. Ihn hatte man im Reichskriegerwaisenhaus zusammengestellt, einem mehrstöckigen Gebäude mit vielen Sälen, hinter dem sich ein breit hinziehender Garten erstreckt. Schon am ersten Kriegstage hatten sich seine Räume mit Verhafteten gefüllt, die Festnahmen hatten sich jedoch noch in normalen Formen abgespielt, die allgemeine Psychose war erst am dritten September über das Land hereingebrochen.

Die Verhaftungen waren in jenen Tagen meist derart erfolgt, daß ein Polizeibeamter in die Wohnungen kam, eine Hausdurchsuchung durchführte, alle Radioapparate beschlagnahmte, schließlich einen Zettel zur Unterschrift vorlegte, daß die Hausdurchsuchung ergebnislos verlaufen sei. Dieser Zettel war gleichzeitig der Verhaftbefehl, er blieb einem als Ausweispapier, im übrigen wurde man meist gleich mitgenommen. Es wurden während dieser Verhaftungswelle drei Arten von Zetteln ausgegeben: die ersten waren rot, sie erhielten die zu Arretierenden, die zweiten waren rosa, sie erhielten die zu Internierenden, die dritten waren weiß, sie erhielten die zu

Evakuierenden - trotzdem wurden alle drei Arten von Verhafteten völlig gleich behandelt. Später stellte sich allerdings heraus, daß die Inhaber roter Zettel die Verhaßtesten waren, sie wurden von allen auch am ehesten erschossen.

Am Abend des ersten Kriegstages also ist das Waisenhaus schon halb gefüllt, die ganze Nacht über strömt es weiter in seine Räume. Viele von diesen Erstankömmlingen haben sich Gepäck mitgebracht, wohlverpackte Rucksäcke, Körbe mit Nahrungsmitteln, denen man es sofort ansah, daß sie aus irgendeiner Vorahnung schon lange vorbereitet waren. Aber in dieser vernünftigen Form verhaftete man nur die ersten, je später es wurde, um so unvorbereiteter trafen die Verhafteten ein. Die letzten hatten oft nicht einmal einen Mantel, manchen ließ man nicht einmal zum Stiefelanziehen Zeit, sie kamen in ihren nächtlichen Hausschuhen angeschlurrt. Auf den Straßen herrschte jedoch um diese Zeit noch Ruhe, da im übrigen auch jede Verbindung mit den einmal Verhafteten unterbrochen war, hatten die Deutschen vom Ausmaß dieser Verhaftungen selbst keinen Begriff, die nicht selbst Betroffenen lebten größtenteils noch in friedlicher Stille weiter.

Erst am zweiten September bringt man Dr. Kohnert, den im ganzen Lande bekannten Führer der Deutschen Vereinigung, einen schmalen Menschen von auffallender Größe, dessen langliniges Gesicht ungewöhnliche Energie verrät, in dessen hellen Augen sich aber auch ein scharfer Witz versteckt. Man weist ihm stillschweigend die Führung der Verhafteten zu, er setzt sich vom ersten Augenblick an selbstlos ein, was bald mit immer größerer Lebensgefahr verbunden ist. Am gleichen Tage taucht auch Adelt auf, kurz vor ihm der junge Baron von Gersdorff, beides führende Männer der volksdeutschen Bewegung. Immer mehr Bekannte treffen sich in den Sälen, es wird offensichtlich, daß man zuerst jene ergriffen hatte, die bei den Volksdeutschen politisch tätig waren.

Am Sonnabendmittag werden die ersten Bombenangriffe auf Bromberg geflogen, ihre schmetternden Detonationen durchdringen selbst den brodelnden Lärm der überfüllten Säle, alles stürzt an die Fenster, um vielleicht einen dieser nahen Einschläge zu sehen, vielleicht sogar einen deutschen Flieger selbst gewahren zu können. Statt deutscher Flieger aber sehen sie nur deutsche Bauern, die man gerade die Straßen am Waisenhaus vorbeitreibt, zum ersten Male sehen sie bei diesem Anlaß, daß man diesen Bauerntrupp unter furchtbaren Kolbenschlägen dahintreibt. Ein paar Frauen schreien entsetzt auf, eine bricht unter einem epileptischen Anfall zusammen, schreit auf dem Boden liegend weiter. Sofort tritt in den Gehirnen der Wachsoldaten Kurzschluß ein, sie dringen von allen Seiten mit aufgepflanzten Bajonetten in die Säle, zwingen alles zum rücksichtslosen Sichniederwerfen. "Wer sich erhebt, wird sofort erschossen!" schreit ein Offizier. So liegen sie denn fast übereinander auf dem Boden, sehen fassungslos in die vor Aufregung unkenntlichen Gesichter ihrer Wächter, bekommen in diesem Augenblick die erste Vorahnung von dem, was sich am dunklen Himmel ihrer Zukunft unentrinnbar über ihnen zusammenballt.

Nachmittags um fünf Uhr werden alle hinausgetrieben, im hinteren Garten in zwei Gliedern aufgestellt. Ein paar Hallersoldaten schieben sich heran, suchen sich lediglich nach den Physiognomien eine Anzahl heraus, legen je zweien auf die Weise eiserne Handschellen an, daß sie jeweils mit den Armen zusammengekettet werden, sie haben mit gutem Blick fast alle Führer erkannt. Daraufhin erscheint ein Offizier, läßt alles zu einem offenen Karree zusammenstellen, vor den Augen aller die Karabiner laden, schreit mit heiserer Stimme über den Hof, daß jeder Flüchtende sofort erschossen werde. Dann setzt sich der Trupp in Marsch, es wird in Gliedern zu vier marschiert, als erste Heeressäule ziehen die Männer hinaus, als zweite kommt der Zug der Frauen, es sind insgesamt achthundert

Menschen aus allen Schichten: Rechtsanwälte gehen neben Arbeitern, Dienstmädchen neben Sekretärinnen, auch kein Alter fehlt, unter den Männern sind Greise, bei den Frauen Säuglinge, die man noch tragen muß.

Die Wachen zählen an zweihundert Mann, auf jedes Viererglied kommt also einer. Die größte Zahl von ihnen stellen die sogenannten *Strelzi* (Schützen), eine Art halbmilitärischer Jugendverband, zu der fast die ganze aktive polnische Jugend gehört. Sie liefen schon seit einem Vierteljahre mit Gewehren herum, benahmen sich während jener Zeit jedoch mehr flegelhaft als gefährlich. Der Rest besteht aus regulärer Polizei, der einige Hilfspolizisten zugeteilt sind, die in einem abgerissenen Zivil herumlaufen, lediglich durch ihre rotweißen Binden kenntlich sind. Der Kommandant des Zuges ist der letzte Polizeikommandant Brombergs, ein älterer Offizier, auch übel berüchtigt, der zu Anfang jedoch zuweilen noch vernünftige Regungen zeigt.

Als erstes geht es zur Polizeiverwaltung, die neben dem Polizeigefängnis liegt. Im Hinterhof dieses Gebäudes darf sich alles hinlegen, es ist die letzte Rast vor einem langen Marsche. Eine stufenartige Mauer schließt das Gefängnis gegen diesen Hof ab, der düstere Eindruck seiner vergitterten Fenster legt sich wie eine Last auf ihre Seelen. Sicherlich werden auch sie bald hinter solche Mauern kommen - was aber ein polnisches Zuchthaus bedeutet, das wissen manche der volksdeutschen Führer aus bitterer Erfahrung. So sitzen sie denn meist wortlos nebeneinander, auf der rechten Seite die Frauen, auf der linken die Männer, sprechen dennoch ein paar zusammen, dreht sich das Gespräch meist um die Zettel. Sie zeigen gegenseitig diese Zettel vor, stellen Mutmaßungen über ihre Farben an. Ein gut polnisch Sprechender übersetzt einen nach dem anderen, dabei stellt sich heraus, daß die roten zweifellos die gefährlichsten sind, die rosa meist an Reichsdeutsche vergeben wurden, die weißen aber bei den Polen sonst Gutgelittene erhalten hatten.

"Ich werfe meinen Roten einfach fort", sagt ein junger Mann, "besser gar keins als dieses gefährliche Dokument."

"Es kann gut sein, kann auch bös sein!" meint ein anderer. "Vielleicht ist man am schlimmsten dran, wenn man kein Papierchen bei sich hat."

"Oder am besten..." sagt der andere.

"Übrigens läßt sich jetzt schon ganz klar erkennen, daß man die Listen schon vor Monaten aufstellte, die zur Grundlage der Verhaftungen benutzt wurden!" fällt Adelt ein. "Man hat viele längst verheiratete Frauen nach ihren Mädchennamen verhaftet, in einigen Häusern sogar Verstorbene mit solchen Zetteln beglücken wollen."

"Sie müssen Ende April fertiggemacht worden sein", setzt Dr. Kohnert hinzu, "denn später Zugezogene wurden nicht verhaftet."

"Auch forschte man nach manchen Leuten noch in den alten Wohnungen, die schon seit Monaten in andere Häuser umgesiedelt sind!" sagt Adelt wieder. "Also ein ganz klarer Beweis dafür, daß diese Aktion längst vorbereitet ist. Im übrigen ist sie im Gegensatz zu allem anderen so glänzend organisiert, daß die Polen allein es sicher nicht so gut zuwege gebracht hätten, daß irgendwelche Organisatoren befreundeter Nationen mitgeholfen haben müssen!"

"In den nordwestlichen Städten sollen sogar für alle Züge bereitgestanden haben", sagt Dr. Kohnert wieder, "nur der schnelle Vormarsch unserer Truppen warf ihnen alles über den Haufen. Nun aber sagen sie sich einfach, lieber sollen sie alle verrecken, als daß die Deutschen sie befreien..."

"Ob sie uns wohl noch einholen, unsere deutschen Soldatenbrüder?" sagt jemand leise.

"Ich bin überzeugt!" flüstert ein anderer.

"Es kommt aufs Tempo an, mit dem sie uns hetzen", meint Dr. Kohnert wieder.

"Aber die Frauen... man kann doch nicht..." flüstert jemand erschrocken.

"Man kann alles - jedenfalls in Polen..." sagt Dr. Kohnert hart.

Allmählich ist es Nacht geworden, schließlich kommt auch der Aufbruch. Als sie aus dem Garten auf die Straße kommen, sehen sie, daß dort schon ein wilder Pöbelhaufen ihrer wartet. Er hat eine Art Spießrutengasse gebildet, aus der man mit allen Gegenständen auf sie einschlägt. Der vertierte Ausdruck dieser Gesichter ist so fremd, daß sie diese Menschen kaum jemals wiedererkennen werden. Nur einen polnischen Arzt erkennen ein paar, es ist ein bekannter Stadtarzt, ein anerkannter intelligenter Mensch, was ist mit einem Male in ihn gefahren? Er hat förmlich Schaum vor dem Munde, schlägt mit beiden Fäusten auf die Gefangenen ein, gebärdet sich wahrhaftig wie ein Verrückter. Am schlimmsten hat es die Spitze, sie muß diese Wälle förmlich durchbrechen, zum Glück sind es fast alles jüngere Menschen, meist die gestählten Führer der Volksdeutschen, sie heben die Arme deckend über die Köpfe, drängen sich mit eingezogenem Nacken durch. Man wirft mit Steinen nach ihnen, schleudert Straßenschmutz in sie hinein, begleitet das alles mit einem Chor von Schmähungen, dessen Grundakkord die scheußlichsten polnischen Flüche sind.

Aber auch den Frauen geht es nicht viel besser, denn hier sind es die polnischen Weiber, die ihre Stunde endlich als gekommen ansehen. Sie greifen wie mit Krallen in ihr Haar, reißen ihnen die Zöpfe herunter, hängen sich so verkrampft hinein, daß man sie manchen Meter mitschleifen muß. Viele haben schon nach wenigen Schritten zerkratzte Gesichter, einzelne der Polinnen haben sogar altmodische Hutnadeln ausgekramt, stechen damit ganz bewußt mit kaltem Zielen nach ihren Augen. Als eine Frau mit einem

Säugling herauskommt, sie haben sie schon in die Mitte genommen, um sie wohlweislich etwas schützen zu können, wirft sich eine Megäre schäumend auf das Kind, sucht es schreiend der Mutter zu entreißen. Nach wenigen Metern sehen alle jene Frauen aus, die an den Außenseiten der Glieder gehen, als wären sie schon monatelang auf den Landstraßen: Die Säume ihrer Röcke sind heruntergetreten, in den dünnen Blusen klaffen überall große Löcher, einzelnen sind auch ganze Ärmel herausgerissen. Im übrigen bewirft man auch sie mit allem Schmutz, den man nur in der Eile im Graben finden kann, speit man ihnen alle Flüche der Bromberger Huren entgegen...

Endlich wird es für sie ein wenig besser, sie kommen in die Außenviertel der Stadt. Aber auch hier herrscht noch ein schiebendes Gedränge, fast auf allen Straßen kommen gleichzeitig Transporte an: Die einen kommen aus der Thorner Gegend, die anderen aus dem Raume östlich von Deutsch-Krone, dem ersten Durchbruchsort, andere wieder aus Hohensalza. Es ist ein unentwirrbares Durcheinander, übertönt vom niemals endenden Geschrei der Wachen. Fast alle Kreuzungen sind verstopft, jeder Kommandant will seinen Trupp in den anderen einschieben, wüste Zusammenstöße der Wachen selber sind die Folgen. Danach gehen sie eine halbe Stunde fast unbelästigt, lediglich von den *Strelzi* dauernd angetrieben. Sie atmen alle auf, die frische Nachtluft kühlt - aber dies Glück dauert nicht lange, an der Ziegelei wartet neues Volk. Es sind die Ziegeleiarbeiter, das verrufenste Volk der Stadt, sie haben gleich ihr ganzes Werkzeug mitgebracht, stehen mit Brechstangen in den Händen da, andere mit langen hölzernen Ofenschiebern. Wieder ergießt sich ein Hagel von Schlägen über sie, die ersten alten Männer brechen darunter zusammen, fallen den Arbeitern hilflos zum Opfer, denn wer einmal kraftlos am Boden liegt, dem können auch die besten Kameraden nicht helfen, man würde sie beim Aufheben nur selber niederschlagen...

Sie kommen an dem riesigen Holzhafen vorbei, leise gluckert das Wasser zu ihnen herüber, einzelne quält schon der Durst, aber wer nur einen Schritt zur Seite tut, wird von den *Strelzi* sofort mit Kolben zurückgeschlagen. Millionenwerte an geflößten Stämmen schwimmen dort, das werden sie auch nicht mehr wegbringen, denken ein paar Deutsche wie in innerem Trost.

Im Dorfe Langenau stehen um jene Zeit noch alle Höfe, aber man hat alle Tore verrammelt, nirgends gewahrt man ein Licht, nirgends zeigt sich ein Kopf an den Fenstern. Es gibt viele deutsche Bauern in diesem Dorf - ahnen sie schon, was ihnen in wenigen Stunden bevorsteht? Drei Tage später, nach dem Rückzug der Armee, steht hier kein Haus mehr, sind alle Höfe verbrannt, ihre Bewohner zumeist erschlagen. (Vgl. Anhang, Bilddokumente 10b und 16.) In diesem Langenau endet auch die erste Frau ihr Leben, es ist das sechsundsiebzigjährige Fräulein Schnee, eine Nichte des bekannten Gouverneurs von Deutsch-Ostafrika. Sie hat ihr ganzes Leben dem Dienst der Armen gewidmet, hatte die Führung der auch bei den Deutschen Polens bestehenden Volkswohlfahrt, hier mußte man sie als Sterbende den erbarmungslosen Händen des Pöbels überlassen. Still liegt sie da mit ihrem schneeweißen Haar, mit weiten Augen, das ganze zerknitterte Gesicht unheimlich gelb....

Der große Zug marschiert weiter, kommt durch Schulitz hindurch, wird wiederum von Volk erwartet. Nach Schulitz geht es endlich ein wenig ruhiger zu, das flache Land ist von der allgemeinen Aufhetzung in viel geringerem Maße angesteckt, bei den Bauern geht der Haß meist über wüste Flüche nicht hinaus. Zuweilen zünden sich die Männer eine Zigarette an, sie sind ja noch reich, sie haben ja noch welche, aber in einer Viererreihe darf immer nur eine geraucht werden. Nach ein paar Zügen gibt jeder sie dem nächsten weiter, niemals ist jemand dabei, der auch nur einen Zug mehr als der andere nähme. So ziehen in der Nacht die glühenden Punkte hin und her, geben ein seltsames Bild mit ihrem unablässigen Wandern.

Als es endlich Morgen wird, das weite Land sich erhellt, kommt auch der erste Fliegerangriff. Mit singendem Dröhnen zieht ein schwerer Bomber über ihnen heran, sofort bricht unter den Begleitwachen eine sinnlose Panik aus. "In die Gräben", schreien sie maßlos aufgeregt, "sofort in die Gräben!" Dabei ziehen sie ihre Pistolen, bringen auch ihre Gewehre in Anschlag, fluchtartig spritzen nun auch die Gefangenen auseinander, werfen sich auf beiden Seiten in die Straßengräben.

"Ob sie das unseretwillen tun?" fragt einer verwundert.

"Das sicher nicht!" sagt Dr. Kohnert heiter. "Nur um ihr kostbares Leben zu schützen, doch aus keinem anderen Grund! Die Flieger könnten unsere Züge für Truppentransporte halten, uns ihre Bomben als gefundenem Fressen auf den Kopf werfen - das wäre den Polen unsertwegen ja schließlich nur erwünscht, aber sie würden eben selbst dabei ins Gras beißen! Aus dem gleichen Grunde marschieren wir auch nachts, werden wir wohl auch weiterhin immer nur nachts marschieren..."

"Und tagsüber?" fragt jemand.

"Werden sie uns in irgendwelche Scheunen sperren, tausend in einen Raum für hundert!" meint Adelt bitter.

"Wenigstens kommen wir auf diese Weise zum Ausrasten..." sagt ein alter Pfarrer von siebzig Jahren.

Sie schweigen wieder, schauen starr hinauf, deutlich sehen sie das weiße Kreuz auf schwarzem Grund, deutlich auch die Hakenkreuzflagge am Seitensteuer. Und dort oben sitzen nun drei, vielleicht auch fünf deutsche Soldaten, denken sie mit seltsam bohrender Wehmut, keiner aber von ihnen kann ahnen, daß hier tausende Deutscher in den Straßengräben liegen, zehntausende aber zu gleicher Zeit im ganzen Land, mit schlagenden Pulsen zu ihnen hinaufblicken, bis sich ihre Augen vom scharfen Schauen mit Tränen füllen...

"Die Polen sollen schon auf Berlin marschieren!" sagt ein junger Mensch leise.

"Dann wären unsere Flieger gerade hier!" sagt Dr. Kohnert lachend. "Dann hätten sie wohl was anderes zu tun, als einen Angriff nach dem andern über Polen zu fliegen..."

Diese logischen Worte tun allen gut, richten auch die Verzagtesten wieder auf. Eine Weile dürfen sie noch liegenbleiben, wie wohl das ihren müden Beinen tut, endlich verschwindet das Flugzeug am Horizont. Alsbald springen auch die Wachen wieder auf, treiben die Gefangenen mit Geschrei empor. Unter klatschenden Schlägen ordnen sich die Reihen wieder, langsam setzt sich der endlose Zug wieder in Bewegung. Von neuem wölkt in dichten Schwaden der Staub empor, legt sich als dicker Puder über alle Gesichter, schiebt sich als scharfe Schmirgelschicht zwischen die Kleider, setzt sich wie feine Glassplitter in die Schuhe. Schon am ersten Morgen sind aller Augen gerötet, viele Stellen der Leiber wund, die meisten Füße voller Blasen...

Außer diesen Rasten durch Fliegerangriffe gibt es kein Ausruhen, achtundfünfzig Kilometer müssen sie in einem marschieren, denn achtundfünfzig Kilometer zählt die Strecke von Bromberg nach Thorn, das der Kommandant anscheinend als erstes Ziel für sie bestimmt hat. Es geht allmählich schon auf Mittag, die Sonne brennt heiß an diesem Tag, der Durst wird langsam zu schwerer Qual, immer mehr recken die Köpfe über die Vorderen, um die Türme von Thorn wenigstens einmal zu sehen. Für ein paar Atemzüge erleichtert, erblicken sie die Silhouette der alten Festung, straffen noch einmal die müden Rücken, vergessen die Schmerzen ihrer wunden Füße. In den Straßen Thorns empfängt sie zwar wiederum wütender Pöbel, aber das kennen sie jetzt schon, das wirft sie nicht mehr um, eng aneinandergedrückt durchdringen sie auch dieses Spalier. Und schließlich nimmt der Saal eines Vorstadtetablissements sie auf, sinken sie in ganzen Reihen dankbar auf den nackten Boden hin.

10

Der Verschlepptenzug aus dem Thorner Gebiet (Teil 1)

Neben diesem großen Zuge waren zahllose kleinere unterwegs, auf fast allen Straßen zogen sie jetzt durchs polnische Land. Wer kann jeden aufzählen, wer ihren Gräbern nachspüren, wer von ihnen berichten? Einer von ihnen war der aus dem Schrodauer Bezirk, von ihm allein fand man in Turek hundertneun Ermordete, ein anderer der vom Gefängnis in Siedlce nach der Zitadelle in Brest, von ihm blieben fünfundzwanzig in den Gräben liegen, ein dritter der ins Konzentrationslager Bereza-Kartuska, er war für alle ein Gang geraden Wegs in die Hölle. Aus diesen zahllosen Zügen hebt sich neben dem Dr. Kohnerts noch einer hervor, weil er von allen die längste Straße zurücklegte, das ist der aus dem Thorner Gebiet kommende, mit dem der bedeutende volksdeutsche Führer Lengner, an seiner Seite der nicht minder große Kittler, schließlich auch der bekannte Gursker Pfarrer Dietrich zogen.

Dieser Zug wurde im Thorner Polizeigefängnis zusammengestellt, seine Mitglieder saßen vorher zwei Tage in den Zellen. Einer der ersten, den man einbrachte, war Dr. Konrad Raapke, Fabrikbesitzer in Thorn. Er hat einen Tag lang die Zelle allein, die übrigens auch nur für einen berechnet ist, am zweiten September aber bringt man noch sieben Mann, zu seiner Freude zum größten Teil lauter gute Bekannte. Unter ihnen befindet sich auch Lengner, der Führer der Thorner Deutschen Vereinigung, ein nicht sehr großer, aber durchtrainierter Fünfziger mit ungewöhnlich lebendigen Augen, über ihnen eine auffallend geprägte Stirn. Später kommt auch Kittler hinzu, der Führer der Thorner Jungdeutschen Partei. Durch einen Kalfaktor gelingt es ihnen, kurz vorm Abmarsch noch Verbindung mit den Angehörigen zu bekommen, so daß man ihnen das Notwendigste für die Fahrt zubringen kann, vor allem einen bereits reisefertig gepackten Rucksack.

Am berüchtigten Sonntag, der an sich schon ein heißer Sonnentag ist, wird es gegen Nachmittag unerträglich heiß in den Zellen, sie haben anscheinend die Zentralheizung auf vollste Kraft gebracht. Da sich die acht in diesem für einen bestimmten Raum schon sowieso nicht rühren können, wird die Hitze für sie zu einer dreifachen Qual, bald läuft ihnen der Schweiß in Strömen herunter, kleben ihnen die Kleider wie nasse Lappen an den Gliedern. "Das ist echt polnisch", sagt Dr. Raapke resigniert. "Aber diesmal kann es niemand als 'Affekthandlung eines leidenschaftlichen Volkes' entschuldigen, dieses Mal ist es eine aus kaltem Bewußtsein ausgeklügelte Gemeinheit!"

Durch die Hitze wird die ohnedies verbrauchte Luft so unerträglich, daß einzelne vor Sauerstoffmangel Erstickungsanfälle bekommen, alle aber müssen bei jedem Atemzug mühsam nach Luft ringen. Zudem ist die ganze Zelle von wochenaltem Schmutz bedeckt, zudem kriecht an den Wänden das Ungeziefer in ganzen Scharen umher, zudem dringen aus den anderen Zellen immer wieder gellende Schmerzensschreie durch. Bei jedem Neueintreffen von Verhafteten steigt das Geschrei der Mißhandelten zu einem schauerlichen Chor an, sie erkennen daraus deutlich, daß die große Hetzjagd von Stunde zu Stunde entsetzlichere Formen annimmt.

"Was uns erwartet, wenn wir 'rauskommen..." flüstert einer von ihnen, schüttelt hilflos den Kopf.

"Es ist seltsam", sagt Raapke wieder, "ich bin noch ganz anständig behandelt worden, als man mich vorgestern hierherbrachte. Aber inzwischen hat die Haßpsychose sich zu Formen gesteigert, die man wirklich nur noch als pathologisch bezeichnen kann."

Gegen zehn Uhr nachts, als ihre Erschöpfung bereits tödlich wird, jagt man plötzlich alles in wilder Jagd hinaus. Mit vom Schweiße durchnäßten Kleidern stehen sie in der kalten Herbstnacht, bis alle hündisch frieren, die Kälte ihre geschwächten Körper wie dünnes Pappellaub erzittern läßt. Dann nimmt man ihnen erst einmal alle metallischen Gegenstände ab, Taschenmesser, Aluminiumseifenkapseln, Feuerzeuge, nicht einmal die Schlüsselbunde läßt man in den Taschen. Allmählich sammelt sich auch die Bedeckungsmannschaft, es sind zwei Kompanien *Junaki,* Jugendliche aus vormilitärischen Organisationen, einer ähnlichen Formation wie die *Strelzi,* diese zweihundert führt ein Kapitän der Armee, dem aber noch mehrere Unteroffiziere beigegeben sind. Kurz vor dem Abmarsch kommen noch einige Polizisten dazu, so daß die Eskorte schließlich zweihundertfünfzig Mann beträgt, das ist beinahe halb soviel wie der Zug selbst, der insgesamt etwa sechshundert Mann zählt. Unter ihnen befinden sich zahlreiche Achtzigjährige, außerdem an sechzig Frauen, eine muß ihr Kind mitnehmen, das kleine Mädchen zählt eben erst vier Jahre.

Fünfzig Mann bilden die Vorhut, dann kommt der Zug selbst. An dessen Seiten gehen zwei Reihen *Junaki,* alle mit französischen Gewehren ausgerüstet, die scharfen dreikantigen Bajonette aufgepflanzt. Schließlich kommt die Nachhut, dieses Mal fünfzig Mann Soldaten. Die meisten Gefangenen können den Augenblick kaum erwarten, in dem es endlich vorwärts geht, hoffen auf eine kleine Erwärmung ihrer schlotternden Leiber. Ein paar Naive rechnen schon mit einer Einwaggonierung, als die Spitze die Richtung zum Hauptbahnhof nimmt, aber es geht an ihm vorbei in Richtung Alexandrowo. Auch dieser Zug muß durch ein Spalier von gehässigem Pöbel, solange er die Straßen der Stadt durchzieht, einige der durch die Hitze Geschwächten fallen ihm schon hier zum Opfer. Im übrigen ist das Sprechen strengstens untersagt, ebenso auch jedes Umsehen, beides wird sofort mit Kolbenschlägen geahndet. Wer vor Erschöpfung niederfällt, dem kann niemand helfen, denn auch jedes Helfen ist streng verboten.

Außerhalb der Stadt wird es für den Zug wesentlich besser, aber dafür setzen die Quälereien der *Junaki* erst richtig ein. Besonders die Alten werden immer wieder vorwärts gestoßen, aber auch den Kranken geht es so, in diesen jungen Menschen scheint wirklich kein Herz zu schlagen. Und sehen nicht gerade diese Armen mit ihren zerschlagenen Gesichtern so aus, daß man meinen könnte, jeder schon erhobene Arm müßte bei ihrem Anblick kraftlos niedersinken? Ein siebzehnjähriger *Junak*, im blauen Overall des Monteurlehrlings, hat sich eine halb ohnmächtige Frau vorgenommen, er geht während der letzten zehn Kilometer nicht von ihrer Seite, treibt das vor Erschöpfung fast zusammenbrechende Mütterchen die ganze Strecke vor sich her, gibt ihr immer aufs neue ungezählte kleine Bajonettstiche. Und die deutschen Männer müssen das sehen, müssen es auf dem ganzen Wege sehen - können aber nicht einmal eine Hand erheben, weil jede Bewegung einem Selbstmord gleichbedeutend wäre. Oh, warum öffnet sich in solchen Augenblicken, in denen der Mensch nichts mehr zu tun vermag, mit einem ungeheuren Schlage nicht der Himmel, solch einen Schänder der Natur mit seinem Blitze in den Sand zu strecken? Denn dieses hier ging wider die Natur, so sollte sie auch selbst dagegen aufstehen...

Auch sie marschieren die ganze Nacht hindurch, treffen erst gegen Morgen in Alexandrowo ein. In der Stadt erwartet sie bereits in schwarzen Massen der Pöbel, schlägt wiederum mit allen erdenklichen Gegenständen auf sie ein. In der Nähe des Bahnhofs, ziemlich weit von der Stadt, steht ein riesiger Zollschuppen, einst als Tabakslagerhalle benutzt, in diesen jagt man sie hinein. Die große hölzerne Halle ist ohne jedes Stroh, so wirft sich alles auf den nackten Boden, bis zum Abend können sie sich hier ausruhen. Ein paarmal finden Fliegerangriffe auf den nahen Bahnhof statt, der Druck der berstenden Bomben ist bis in die Halle fühlbar, das Schmettern der Explosionen dröhnt allen noch lange in den Ohren. Die den einzelnen noch verbliebenen Eßvorräte werden musterhaft verteilt, noch einmal zeigen die volksdeutschen Führer hier ihre vorbildlichen Charaktere. Es gelingt ihnen im Laufe des Tages sogar, vom Kapitän zu erreichen, daß für die Kranken Wagen beschafft werden.

In der Dämmerung kommt der Befehl zum Antreten, sie stellen sich im Viererreihen im Schuppen selber auf. Während sie noch auf den Abmarsch warten, stöhnt plötzlich ein alter Mann, daß er auch nicht mehr gehen könne. Dies wird dem weiter vorne stehenden Lengner sofort durchgegeben, dieser flüstert über Kittler dem Arzt Dr. Bräunert zurück, daß er sich auch zu dem Wagen mit den Kranken begeben könne. In diesem Augenblick springt in der Nähe ein Mann aus dem Zuge, verlangt sofort den polnischen Kapitän zu sprechen, da er soeben eine gefährliche Verschwörung mit angehört habe. Es ist anscheinend einer von jenen Polen, die man als Spitzel unter jeden Zug gemischt. Der Kapitän erscheint, hört sich das finster an. "Wer hat geflüstert?" fragt er dann.

Der Spitzel drückt sich durch die Reihen, weist zuerst auf Lengner, dann auf Kittler, dann auf Bräunert, zuletzt auf einen vierten namens Oliva.

"Ihr habt wohl einen Fluchtplan gemacht, wolltet wohl alle miteinander ausreißen!" sagt der Kapitän zynisch.

Lengner erklärt ihm der Wahrheit gemäß, was sie miteinander gesprochen haben, geflüstert hätten sie nur deswegen, weil das Sprechen ja an sich verboten sei.

"Wenn es verboten ist, warum tut ihr's dann?" ruft der Kommandant.

"Es handelte sich um einen Sterbenskranken, Herr Kapitän!" sagt Kittler mit ruhiger Stimme. Er ist erst vierunddreißig Jahre alt, seine Gestalt ist auffallend schlank gewachsen, sein Gesicht hat starke Backenknochen, dabei einen Ausdruck hoher Intelligenz.

"Kümmert euch nur um euch selbst, werdet auch bald sterbenskrank sein!" knurrt der Kommandant höhnisch. Dann wendet er sich um, schreit, sich fast überschlagend: "Hinaus mit diesen vier hundsblütigen *Hitlerowkis!*"

Ein Dutzend *Junaki* umringt sie, treibt sie mit Schlägen hinaus. Im Gehen grüßt Lengner noch einmal seine Getreuen, blickt Kittler den Seinen noch einmal in die Augen - zur Strafe dafür fallen sie sofort über ihn her, schlagen sie mit den Brownings ins Gesicht. Als letzten Anblick sieht der Zug von seinen Führern nur Gesichter, die sich stoßweise mit Blut bedecken, aber ihre Köpfe bleiben stolz zurückgeworfen, ihre Nacken beugen sich auch unter diesen Schlägen nicht...

Gleich nach der Abführung dieser vier wird auch der Zug in Marsch gesetzt, jagt man ihn im Laufschritt eine Anhöhe hinauf, auf dieser Höhe wird er zu allem noch von berittener Polizei in Empfang genommen. Einigen aber gelingt während dieses Laufes doch ein rasches Zurückblicken, sie sehen die vier gerade noch mit erhobenen Händen außen an der Schuppenmauer stehen, ein paar aber hören zudem, wie ein Polizist gerade schäumend auf einen einschreit, daß er gefälligst auch die Hände hochnehmen solle. Auch die Antwort hört er noch, diese erschütternde Antwort: "Wie soll ich die Hände hochnehmen, nachdem ihr mir die Gelenke zerbrochen…"

Das ist das letzte, was man von den volksdeutschen Führern weiß. Nachdem keinerlei Schüsse fielen, muß man sie mit Bajonetten umgebracht haben. So zieht der Leidenszug in tiefem Schweigen weiter, aller seiner ermutigenden Führer beraubt. An ihre Stelle tritt jetzt der bekannte Pfarrer Dietrich, setzt sich gleich ihnen mit einer Selbstverleugnung ein, die ihm bald die Bewunderung aller Leidensgenossen einbringt. Der Zug ist jetzt fast völlig gemischt, nach ein paar Gliedern Männer kommen wieder Frauen, das aber bringt für diese nur den Nachteil, daß man sie ebenso gemein wie die Männer behandelt, was bei geschlossenen Frauentrupps nicht der Fall war.

Nach einer Stunde Marsch fallen bei der Vorhut plötzlich Schüsse - ist sie wider alles Erwarten doch auf deutsche Truppen gestoßen? Die ganze Eskorte scheint das im ersten Augenblick zu meinen, wie eine Art Wahnsinn bricht bei allen eine panische Raserei aus. "Hände hoch, ihr Schweine!" brüllen sie. "Niederwerfen, ihr Hurensöhne!" brüllen andere. "Wir werden euch schon Befreiung geben - erschossen werdet ihr jetzt alle!" brüllen die übrigen.

Der ganze Zug wirft sich sofort in den Staub, aber auch das vermag die Wachen nicht zu beruhigen. Sie halten ihre Gewehre wohlgezielt in die dunkle Masse auf dem Boden, schießen einige Minuten lang mit wildem Schnellfeuer in sie hinein. Ein fürchterliches Schreien erhebt sich aus den Liegenden, viele sind tödlich getroffen, andere schlagen mit schrecklichen Verwundungen um sich. "Wer den Kopf noch heben kann, soll ihn sofort heben!" schreit eine schrille Stimme, wiederholt den Ruf ein dutzendmal. Ein paar Frauen befolgen ihn willenlos, wieder fällt eine Reihe Schüsse, reißt sie erneut in den Staub hinab…

Endlich legt sich das Schießen, wird es auch bei der Vorhut wieder still. Es waren keine Deutschen, es war nur eine Angstpanik. "Auf!" heißt es wieder. "Die Reihen schließen!" Was sich noch erheben kann, rafft sich aus dem Staub empor, einige stehen in den Blutlachen Erschossener, andere kommen nur bis auf die Knie. Eine junge Frau steht ebenfalls auf, knickt aber gleich wieder zusammen, ein Schuß hat ihr den Knöchel zerschmettert. "Ach, schießt mich doch tot..." schreit sie schließlich auf.

"Halt das Maul, Hure!" brüllt ein *Junak*.

"Schießt mich doch tot, bitte, bitte, bitte, schießt mich doch tot!" fleht sie von neuem.

"Gib ihr doch eins, wenn sie schon will!" schreit ein anderer *Junak*.

"Ich schieße nicht auf Frauen!" sagt der erste mit stolzer Gebärde. Oh, er ist doch ein Pole, zu den Frauen stets ritterlich...

"Wenn du noch so dumm bist", sagt der andere kalt, "sind sie nicht auch *Hitlerowkis?"* Und tritt eilfertig auf sie zu, drückt ihr das Gewehr auf die rechte Brust, zieht mit einer höhnischen Lache ab...

Allmählich formieren sich die Glieder wieder, man tritt über die Toten hinweg, geht um die Sterbenden herum, in jedem Glied fehlt fast ein Kamerad, wieder finden sich ganz neue in den Reihen zusammen, in manchen Männerreihen gehen jetzt schon einzelne Frauen. Trotz dieser fürchterlichen Marschpause halten sie sich nicht schlechter, nur einzelne hört man zuweilen leise vor sich hin schluchzen...

Kaum hat der Schluß des Zuges die letzten Gefallenen hinter sich gelassen, als über ihnen ein fürchterliches Morden anhebt - jeder einzelne der Liegenden wird sorglich abgehorcht, im Falle irgendwelcher Atemgeräusche mit Dutzenden von Bajonettstichen umgebracht. Lange hören die Letzten des Zuges noch Todesschreie hinter sich, erst ganz allmählich legt sich die Stille der erbarmenden Nacht auch über jene schauerliche Stätte...

Der Marsch an sich wird jedoch immer härter. Hat die *Junaki* der Blutgeruch so aufgepeitscht, daß sie nach immer neuen Martern sinnen? Nach kurzer Zeit kommt der Befehl, daß alles Gepäck wegzuwerfen, einfach in die Gräben zu werfen ist, wohlgemerkt ohne den kleinsten Aufenthalt. Da man niemandem Zeit läßt, auch nur das Geringste vorher herauszunehmen, gehen damit auch die letzten Schätze verloren, die letzten kleinen Reste steinharten Brotes, die letzten sorglich aufbewahrten Zigaretten.

"Auch die Handtaschen weg, ihr verfluchten Huren!" schreien die *Junaki* den Frauen zu. Da wendet Pfarrer Dietrich sich an den Kommandanten, macht ihn auf das Sinnlose dieser Forderung aufmerksam, erreicht auch tatsächlich die Zurücknahme dieses Befehls. Kaum hat ein junges Mädchen das vernommen, das ein *Junak* gerade durch einen leichten Bajonettstich zwang, auch ihr kleines Handtäschchen fortzuwerfen, als es mit damenhaft gehobenem Kopf zu ihm zurückgeht. "Heb mir die Handtasche auf!" sagt sie kalt.

"Bist du verrückt?" Der *Junak* ist starr.

"Du sollst mir die Handtasche wieder aufheben, hast du nicht verstanden, weißt wohl nicht, was sich einer Dame gegenüber geziemt?" wiederholt sie unnahbar.

Eine Weile sieht ihr der Junge noch fassungslos in die Augen, dann beugt er sich dem hellen Mädchenblick, bückt sich willenlos zur Tasche hinab.

"Das ist Polen!" denkt Dr. Raapke, der daneben steht. "Welch ein Land - was für Menschen..."

Nach einer Weile ruhigen Marschierens kommt ein neuer Befehl: Alles hat ganz dicht aufzuschließen! Gleichzeitig treibt man den Zug von hinten so stark an, daß jeder dem Vorhergehenden unablässig auf die Hacken treten muß. Viele tragen während dieser Zeit tiefe Wunden an den Fersen davon, vielen werden nach kurzem beide Schuhe heruntergetreten. "Vielleicht haben sie sich das nur ausgedacht, um beim Schlußtrupp alle Schuhe einsammeln zu können, genau wie beim Fortwerfen des ganzen Gepäcks. Ist diesen Lümmeln nicht alles zuzutrauen, selbst das für normale Menschen Absurdeste?" denkt Dr. Raapke.

Er geht in einer Reihe mit vier breiten Männern, vor ihm jedoch gehen vier junge Mädchen, die sich zudem noch alle eingehakt haben, um sich gegenseitig besser stützen zu können. Da diese Männerreihe nun viel breiter ist als jene, erregt das der Seitenwachen dauernde Verärgerung. "Auf Vordermann ausrichten!" schreien die einen unablässig, stoßen sie von rechts mit Kolben. "Genau hintereinander gehen!" schreien die anderen unablässig, stoßen sie in gleicher Weise von links. Endlich erkennen die jungen Mädchen, daß sie die Männer hinter sich nur von den dauernden Schlägen bewahren können, indem sie ihre eingehakten Arme wieder voneinander lösen, mit gleichem Abstand in gleicher Breite vor ihnen her marschieren. Unter diesen Mädchen geht ein Fräulein Buller, eine Sekretärin vom deutschen Konsulat, ein Mädchen von auffälliger Zartheit, das sich aber gerade vorbildlich hält.

Kaum haben die Gefangenen sich auf diese Schikane eingestellt, kommt schon wieder etwas, schreien die *Junaki* plötzlich wie auf Kommando: "Das Auf-den-Boden-Niederwerfen klappt noch nicht, sollen uns um euretwillen vielleicht ein paar Bomben erschlagen? Also jetzt mal niederwerfen, auf das Kommando wie ein Mann..." Und jeder dieser Jungen schreit, wann es ihm gerade einfällt: "Nieder..." So sind denn immer ein paar Reihen auf der Erde, machen sie die Manöver nicht rasch genug, müssen sie's ein dutzendmal nacheinander machen, führen sie es aber mit exakter

Plötzlichkeit zur Befriedigung der Wächter aus, fällt die folgende Reihe durch den unerwarteten Halt meist völlig über sie.

"Hahahaha!" lachen die *Junaki* dann, schlagen sich auf die Schenkel, brüllen aus vollem Halse: "Seht ihr sie purzeln, diese feinen *Hitlerowkis,* wie die Kaninchen fallen sie übereinander..."

Als letzte Quälerei dieser Etappe kommt der Befehl, alle Hände auf den Rücken zu nehmen. So marschieren sie die letzten Kilometer mit scharf durchgedrückten Rücken, was schon nach kurzer Zeit so schmerzvoll wird, daß nicht nur die Frauen bei jedem Schritt unterdrückt vor sich hinstöhnen. Ein alter Mann verliert durch diese Art des Gehenmüssens die letzte Kraft, taumelt in einem Schwächeanfall vor einen entgegenkommenden Lastwagen, so daß dieser knirschend über seinen ganzen Leib hinweggeht...

Im Morgengrauen erblicken sie endlich einen großen Gutshof, der zwar voller Soldaten steckt, aber neben den Ställen auch eine ganze Anzahl Scheunen hat. Das war der Gutshof Jarantonice, des zweiten Tages ersehntes Ziel - als Pfarrer Dietrich sie aber zählen läßt, waren es fünfzig weniger als am Abend.

11

Der Verschlepptenzug aus Bromberg (Teil 2)

Wider Erwarten blieb der Bromberger Zug auch über Nacht noch in Thorn, der Gewaltmarsch von achtundfünfzig Kilometern scheint selbst die Eskorte so erschöpft zu haben, daß keiner trotz der schlechten Frontnachrichten Lust zu schnellem Aufbruch zeigte. Vergeblich versuchten die Führer dieses Zuges aus der Stadt ein wenig Nahrung zu bekommen. Als sie endlich einen menschlichen Posten fanden, der eine Sammlung von hundert Zloty nach langem Überreden annahm, um ihnen dafür in der Stadt ein wenig Brot zu besorgen, warteten sie bis zur Nacht vergeblich auf seine Rückkehr. Schließlich erkannten sie mit einem engen Gefühl in den Kehlen, daß dieser elende Bursche sie auch noch um ihr letztes Scherflein betrog. Auch zu trinken gab man ihnen nichts, wie sehr sie auch immer wieder darum ersuchten, damit sind sie bereits sechsunddreißig Stunden ohne Wasser.

Wenn sie wenigstens noch gänzlich unter sich wären, aber man hat auch zwischen sie von Anfang an Polen gesteckt, ein Teil von ihnen sind einfach Häftlinge krimineller Art, andere aber auch für diesen Zweck von vornherein bestimmte Spitzel, die oftmals ein völlig dialektfreies Deutsch sprechen. Mitten in der Nacht beginnen die Sträflinge, um sich bei den Wachen beliebt zu machen, mit kindlichen antideutschen Demonstrationen. Wohl sind sie eigentlich nichts als Leidensgenossen, aber der polnische Haß muß sich selbst in dieser Lage bestätigen. So bilden sie denn einen kleinen Chor, singen mit grölenden Stimmen ihre Spottlieder:

"Die Deutschen wanderten durch den Wald,
trafen eine Hündin, nahmen sie zur Wurst!
Oh, die verdammten Deutschen..."

Ein einzelner darauf:

"Der Deutsche so viel Wasser trank,
daß ihm der Hintere wurde krank!"

Der Chor wieder:

"Es starb ein Deutscher, er starb
auf der Straße und verdarb.
Kein Mensch wollt' ihn beweinen,
da kamen und grunzten die Schweinen...
Es starb ein Pole, er starb
auf der Wiesen und nicht verdarb,
drei Jungfrauen kamen am Ende,
nahmen den Leib auf ihre Hände..."

"Ruhe!" ruft jemand aus dem Zug. "Schlafenszeit ist jetzt..."

Da springen sie wütend auf, der Chormeister aber schreit: "Ruhe? Wirst schon deine Ruhe bekommen, verweste Hundeleiche, warte nur ein kleines Weilchen... Und was auf dem Marsch nicht verreckt, das wird man zum Schlusse totschlagen!" Darauf bildet er eine Art Sprechchor, läßt mit grölenden Stimmen eine Reihe bekannter Sprichwörter sagen, unter vielen bekannten auch dies: "Was der Pole an einem Tage vertrinkt, ist das Gut eines Deutschen fürs ganze Leben!"

Dann folgt dies: "Wo ein Frosch quakt, sitzt ein Deutscher..."

Schließlich auch dies: "Die Deutschen kaufen Land für ihre Butter, die Häuser bauen sie von ihrem Käse, die Kleidung tauschen sie gegen ihre Buttermilch, von der Molke aber leben sie!"

Danach wieder erzählen sie laut die neuesten Frontnachrichten, kräht einer mit unüberhörbarer Stimme in den Saal: "Habt ihr das Neueste schon gehört, unsere Ulanen stehen schon vor Berlin, die polnische Flotte hat die deutsche vor Gdyngen vernichtet, die Franzosen aber sind schon in Frankfurt einmarschiert! Aus ist es mit euch Deutschen für alle Zeit, bis an die Elbe werdet ihr polnisch werden..." Aber auch diese quälende Nacht geht zu Ende, in der ersten Morgenfrühe treibt man sie schon auf.

Wiederum folgt als erstes ein Spießrutenlaufen, das jetzt am hellen Tage noch schlimmer ist. Als sie endlich wieder auf freiem Felde einherziehen, der Staub sie wiederum wie sandiger Qualm umwölkt, erkennt ein junges Mädchen, das neben einer Frau mit ihrem vier Monate alten Säugling geht, daß dieses Kind vor einer Weile gestorben sein muß. Das flaumhaarige kleine Köpfchen hängt ihm auf die Brust, die Ärmchen schlenkern bei jedem Schritte haltlos mit. Eine Weile überlegt sie noch, ob sie es ihr wohl sagen könne, als sie aber die Erschöpfung der Frau sieht, hebt sie mit tastender Vorsicht an: "Wollen Sie das Kindchen nicht irgendwo unter einen Busch legen, in das schöne grüne Gras hinein?"

"Wieso denn das?" fragt die Mutter.

"Aber es ist doch... ist doch schon längst..." sagt das Mädchen zaghaft.

"Was ist es?" fährt die Frau auf. "Es schläft... sehen Sie nicht... es schläft..." Damit drückt sie das haltlose Köpfchen ein paarmal an die Brust, sieht es wohl sofort zurückfallen, drückt es aber immer wieder zärtlich an sich.

Jetzt erkennt das Mädchen erst, daß die Frau schon irre ist. "Legen Sie es doch ins Gras", bittet sie von neuem, "sonst fallen Sie bald selber um! Schauen Sie hin, dort ist ein schöner Weidenbusch, da holen es die Englein dann..." Aber die Frau schüttelt den verwüsteten Kopf, schleppt es unentwegt weiter, ihre Augen sind weit wie bei einer Sterbenden. "Ich kann doch nicht mein Kind... mein erstes kleines Kind... hier einfach unter einen Busch..." flüstert sie vor sich hin, drückt das Köpfchen an sich, läßt es wiederum zurückfallen, drückt es von neuem an ihre Brust...

Es ist die Straße nach Chiechozinek, dem berühmten polnischen Solbad, auf der sie jetzt seit dem Morgen entlang ziehen. Unweit von Chiechozinek liegt auch Slonsk, noch liegt dies Bauerndorf aus Niedersachsen in Frieden, erst später wurde es das Dorf ohne Männer. Der Kommandant des Zuges, der auf einem Rade nebenher fährt, hat der Eskorte den Auftrag gegeben, alle vorbeiziehenden Soldaten zu untersuchen, ob sie keine Deserteure seien. So spielt sich neben diesem Zuge noch eine zweite Jagd ab, denn überall wimmelt es schon von polnischen Versprengten. Die Deutschen sehen diese vielen Verhaftungen mit kleinem Trost, mit einer solchen Truppe, denken sie mit innerem Lächeln, werden sie Berlin nicht erobern!

Die Schritte schlurren, der Staub wölkt, der Durst quält. Zwei alte Männer brechen fast gleichzeitig zusammen, die Polizisten stechen sie eine Weile mit ihren Bajonetten, um sie noch einmal wieder auf die Beine zu bringen, als aber auch das ihnen keine Kraft zum Aufstehen gibt, lassen sie die beiden mit vielsagender Kopfbewegung liegen. Der ganze Zug zieht an ihnen vorüber, blickt ihnen noch einmal in die Gesichter, die fast keine menschlichen mehr sind, so hat der Durst ihnen die Lippen zerrissen, der Staub ihnen die alten Augen entzündet, der Hunger ihnen das Fleisch aus dem Gesicht gesaugt. Kaum ist das letzte Glied an ihnen vorbeigezogen, fallen ein paar peitschende Schüsse... Wer fällt, der stirbt - das ist Gesetz - nicht nur bei diesem, sondern bei allen Zügen.

Kurz vor Chiechozinek bittet ein junger Mensch, Schreiber aus Bromberg, doch rasch einmal austreten zu dürfen. "Austreten auch noch - macht in die Hosen!" schreit ein Posten höhnisch. "Die Zeit der feinen Herren ist für euch Deutschen vorbei, das könntet ihr jetzt allmählich kapieren..."

Steht nicht allen dieses Leben bis zum Halse, braucht es noch große Anlässe, um es in jäher Wallung verächtlich wegzuwerfen? Ehe einer der Kameraden noch hinzuspringen kann, schneidet Schreiber sich mit einem verborgenen Rasiermesser die Halsader durch. Das Blut schießt in schwerer Fontäne aus dem Schnitt hervor, ehe ihn noch jemand auffangen kann, sinkt er nach rückwärts in den tiefen Staub. Es gibt einen jähen Aufenthalt, der Kommandant springt vom Rade, läuft schäumend auf ihn zu. "Du verdammter Zwab, stirbst du vielleicht, wann du willst, oder wann ich befehle?" brüllt er zu ihm hinab, tritt ihm mit dem Fuß in die Seite, daß er sich bei jedem Stoß zusammenkrümmt, bei jedem Krümmen das Blut höher aus seinem Halse schießt. Ein paar Frauen schluchzen auf, eine sinkt schreiend um.

"Doktor Staemmler!" ruft es durch die Reihen.

In wenigen Augenblicken ist Dr. Staemmler da, er hat nach vielen Mühen die Erlaubnis erhalten, den Schwächsten ein wenig mit seinen Medikamenten zu helfen. Zwar hat man auch ihm nicht gestattet, ein kleines Instrumentarium mitzunehmen, das Notwendigste trägt er dennoch in den Taschen, dazu manches Stärkungsmittel gegen plötzliche Ohnmachten. Er kniet bei dem Stöhnenden nieder, aber der Schnitt ist nicht absolut tödlich, man kann die Ader noch abklemmen. Allmählich beruhigt sich auch der Kommandant wieder, gibt sogar die Erlaubnis, ihn in das nahe Chiechozinek zu tragen. So nehmen denn vier Kameraden einen Mantel, fassen ihn an den vier Zipfeln, legen ihn sorglich darauf, tragen ihn so im Zuge mit.

Auf dem großen Platz vor dem Haupthotel, zwischen ihm und dem mächtigen Brunnen, dem Wahrzeichen des bekannten Bades, erwartet sie schon wieder das Volk. Hier sind es aber mehr die Soldaten, hauptsächlich wiederum Ulanen, unter deren Mißhandlungen sie leiden müssen, liegt hier doch ein höheres Kavalleriekommando. Damit bei diesen Ortsdurchzügen nicht immer die gleichen die Schläge erhalten, hat sich bei den Verschleppten inzwischen der Brauch herausgebildet, von einem Tage zum andern die inneren mit den äußeren Plätzen zu wechseln. So beginnt der Tag für die eine Hälfte immer schon besonders dunkel, für jene nämlich, auf die das Los des Außengehens fiel...

Eine Weile ziehen sie durch das Städtchen, durch die von Gärten eingeschlossenen Wege, an vielen Villen vorbei, endlich halten sie vor einem Gitter an, hinter dem ein langes Holzhaus steht. Es ist eine ehemalige polnische Jugendherberge, in diese treibt man alle achthundert hinein, die Frauen abgesondert in ein paar Zimmer, die Männer in einen großen saalartigen Raum. Zu essen gibt es auch an diesem Tage nichts, aber es haben Gott sei Dank einige noch kleine Vorräte mit, wenn das für jeden auch nur ein paar Körnchen ausmacht. Zum Trinken erhalten sie nach langem Verhandeln eine Kanne Wasser, auch sie ergibt für jeden einzelnen kaum einen Schluck. Bevor sie sich endlich auf den nackten Boden strecken können, müssen sie noch eine scharfe Leibesvisitation über sich ergehen lassen. Sämtliche Rasierapparate müssen abgegeben werden, aber auch alle Taschenmesser, überhaupt sämtliche Gegenstände aus Metall, wie bei dem anderen Zuge gleich zuerst. "Wer etwas bei sich behält, wird dafür sofort erschossen!" brüllen die Posten unentwegt.

Allmählich senkt sich die Nacht hernieder, wird die Luft in dem winzigen Raum wieder dick. Niemand darf auch hier austreten, eine neue Qual zu den tausend alten, zum Glück gibt es nur wenige Bedürfnisse, woher sollen sie auch ohne Trinken, woher auch ohne jede Nahrung kommen? Die Männer lassen den Urin unmerklich an sich herunterrinnen, andere Bedürfnisse gibt es vor Schwäche schon nicht mehr, höchstens einige Ruhrkranke sind damit fürchterlich betroffen.

Um Mitternacht wird die Luft so drückend, daß einzelne Verzweiflungsausbrüche aufflackern. Die Zeichen der Geisteskrankheit mehren sich, in kurzen Abständen schreien immer wieder welche sinnlos auf. Dr. Kohnert hat ein paar kräftige Jungen an die Tür postiert, damit keiner in seinem Wahn einfach hinauslaufe. Manchen wird dadurch das Leben gerettet, denn immer wieder stürzt sich jemand ans Tor. "Ich will hinaus, ich ersticke ja..." brüllt der eine. "Ich hab' Durst, ich will trinken..." schreit der andere. "Ich will nach Haus, ich will nicht länger..." fleht der dritte. Zu allem hin dringt aus den Nebenräumen das noch schrecklichere Geschrei der Frauen, aber auch dort haben sich ein paar Unbesiegbare gefunden, halten die Irren mit vereinten Kräften vor den Toren zurück, denn wer hinaustritt, wird sofort erschossen. Auch in dieser Nacht gelingt es den Frauen noch nicht, der jungen Mutter klarzumachen, daß ihr Kindchen längst tot ist, sie hat es immer noch eifersüchtig neben sich. Zuweilen öffnet sie das Kleid, legt das haltlose Köpfchen an die schlaffe Brust, drückt den verschrumpften Kindermund fest daran, sagt unablässig mit singender Stimme: "Seht ihr denn nicht, wie tüchtig es trinkt..."

So geht auch diese zweite Nacht herum, auch hier geht es in der Morgenfrühe weiter. Vor dem Abmarsch nimmt man den Gefesselten jedoch die Handschellen ab, es geschieht gewiß nicht aus einer milden Regung, sondern aus der inzwischen gewonnenen Erkenntnis, daß die Aneinandergefesselten nicht rasch genug in Fliegerdeckung gehen können. Oftmals wollte der eine hierhin, der andere aber gerade dorthin, oft stolperte auch jemand von den beiden, so daß der andere beim besten Willen nicht von der Straße kam. Die Männer empfinden die Abnahme der Fesseln als beseligende Erleichterung, nun scheint ihnen alles mit einem Male erträglich. Im übrigen wurde es auch für ihre Hände höchste Zeit, denn alle Handgelenke waren wundgescheuert, tief hatten sich die scharfen Eisenränder durch das ewige Zerren eingegraben, oft sogar schon die Schwären sich durch den Staub mit schweißigem Eiter gefüllt.

Es geht jetzt auf Nieszawa zu, der Tag wird ungewöhnlich heiß, die Qual des Durstes beginnt sehr bald. Viele der Posten haben sich Räder requiriert, fahren wie der Kommandant langsam am Zuge entlang, ruhen sich an seiner Spitze im Schatten eines Baumes aus, bis das letzt Glied an ihnen vorüberzog, um ihn wiederum von neuem argwöhnisch zu überholen. Kurz vor Nieszawa wird endlich auch die geistesgestörte Frau erlöst, ganz unversehens stolpert sie ein wenig, sinkt aber gleich darauf schon leblos vornüber aufs Gesicht, den toten Säugling dabei jedoch nicht aus den Armen lassend. Die neben ihr Gehenden sehen sofort, daß sie im gleichen Augenblick schon tot ist, mit ihr hat die Schlußeskorte keine Arbeit mehr, sie ist um ihres Kindes willen so lange gelaufen, bis auch der letzte Tropfen ihrer Kraft versiegte.

Auf halbem Wege nach Nieszawa kommen wieder Flieger, wenige Augenblicke später liegt alles in den Gräben. "Gott sei Dank", sagt der junge Gersdorff, "endlich wieder einmal..."

"Es wurde allmählich Zeit!" fügt der starke Adelt hinzu.

"Man könnte sonst auch fast meinen", sagt Dr. Kohnert spöttisch, wie immer unberührt, "die Polen wären wirklich in Berlin!"

"Das ist natürlich Unsinn, aber die Ausrast meine ich", sagt Adelt nur. "Es sollte alle halbe Stunde einer heranbrausen, viele würden dabei wieder zu Kräften kommen, eine ganze Anzahl mehr von uns dadurch den Marsch überstehen."

"Ich muß immer an die Engländer denken", sagt Baron Gersdorff wie für sich. "Dies Blut kommt alles über sie, denn wenn ihre Garantie nicht gewesen wäre..."

"Das ist eindeutig!" sagt Dr. Kohnert klar. "Niemals hätten die Polen sich auf diesen Krieg eingelassen, wenn die englische Garantie nicht dahinter gestanden wäre. Wir sind bei allem Größenwahn doch keine Nation von Selbstmördern! hat mir einmal ein kluger polnischer Offizier gesagt. Zweifellos wäre es ohne England zu einer vernünftigen Einigung gekommen, den wirklichen gegenseitigen Bedürfnissen entsprechend. Nun wird ihnen von allem nichts bleiben - war das wohl wahrer Freundschaftsdienst?"

"So ist es", sagt jemand leise, der in der Nähe liegt. "England hat meine Söhne erschlagen, England treibt uns hier durch den Staub, England läßt uns hier bis zum Wahnsinn dursten, England läßt uns hier bis zum Zusammenbrechen hungern, England läßt uns am Schlusse mit einem Kolben die Schädel einschlagen..."

In diesem Augenblick heulen die Flugzeuge dicht über sie hin, platzt gleich darauf in ihrer Nähe eine leichte Bombe. Es sirrt ein wenig über ihre Köpfe, danach schreit einer unterdrückt auf - es ist der grauhaarige Mann, der eben über England sprach. In seiner Schulter steckt ein zackiger Splitter, aber er ist nur so tief gegangen, daß man ihn leicht herausziehen kann. Ein Kamerad tut ihm den Liebesdienst, der alte Mann gibt keinen Laut von sich, sagt nach dem schmerzhaften Ruck nur hastig: "Gib ihn mir, er ist mein..." Und hält ihn vor sich hin, sagt mit einem Tone von Zärtlichkeit, der auch die anderen irgendwie ergreift: "Ein deutscher Splitter... Von einer deutschen Bombe..." Und nimmt ihn schließlich, versteckt ihn auf der Brust, wie eine seltene Kostbarkeit...

Eine Stunde später, es geht schon gegen Mittag, tauchen die Türme Nieszawas auf. Man will hier anscheinend auf etwas warten, findet für den Aufenthalt jedoch keinen anderen Platz, als einen riesigen Müllabladeplatz am Rand der Stadt. Auf diesen dürfen sich die achthundert endlich niederlassen, so werfen sie sich denn erleichtert zwischen die Schutthaufen, die alles ringsumher mit stinkendem Geruch erfüllen.

12

Der Verschlepptenzug aus dem Thorner Gebiet (Teil 2)

Als man den Thorner Zug auf dem Gutshof Jarantonice unterbringen wollte, erwies sich bald, daß die von weitem gesehenen Scheunen alle von Soldaten besetzt waren. So blieben für die Gefangenen nur die Pferdeställe übrig, die meterhoch mit altem Mist bedeckt, zudem meist noch halb mit Pferden angefüllt waren. Lediglich für die Frauen fand sich eine leere Wagenremise, sie erhielten auch ausreichend frisches Stroh dazu, die Männer aber pferchte man so eng in die Ställe, daß auch hier nicht einmal alle liegen konnten.

Dennoch wirft sich erst einmal alles nieder, versinkt alsbald in einen schweren Schlaf. Aber dieser Schlaf währt nicht lange, viel zu rasch weckt sie der Hunger wieder. Während sich die *Junaki* ringsum in den Dörfern Lebensmittel requirieren, denkt kein einziger an die Gefangenen - sollen sie auch diesen zweiten Tag nicht das geringste erhalten? Erst gegen Mittag gelingt es einigen Deutschen, ein paar neugierig herumstehende Bauern heranzurufen. "Verkauft uns ein wenig Brot!" sagen sie, zeigen ihre letzten Zloty.

"Wir dürfen nicht!" sagen die Bauern.

"Ein bißchen Milch!"

"Wir haben nicht..." sagen die Bauern.

"Ein paar Äpfel?"

"Ein paar Äpfel?" Sie überlegen lange, gehen dann davon. Als sie nach einer Weile wiederkommen, haben sie einen Korb mit Äpfeln, sie sind noch völlig grün, dazu einfach irgendwelches Fallobst, auf dem Gutshof ringsum gesammelt, von den Soldaten hochmütig verschmäht. "Zehn einen Zloty!" sagen die Bauern. "Oh, diese Christen, diese frommen Gläubigen..." denkt Dr. Raapke.

Man kauft ein paar Körbe, verteilt sie äußerst genau. Sie verschwinden in wenigen Augenblicken, wie gut sie doch tun, stillen gleichzeitig den Durst ein wenig. Ein alter Kutscher, der diesem Essen zusieht, geht plötzlich kopfschüttelnd fort, kommt schließlich mit einem Brot zurück. "Zwanzig Zloty gebt..." sagt er mitleidig. "Oh, diese gute Seele!" denkt Dr. Raapke wieder. "Wir tun ihr wirklich leid, aber das Geschäft bleibt ruhig darüber stehen, das wird trotz allem nicht vergessen..." Das Brot ist so frisch, daß es noch heiß ist, Gift für die leeren Mägen.

Kaum hat ein Polizist den Handel gesehen, als auch er sich menschenfreundlich herandrängt. "Gebt mir achtzig Zloty, besorge ich euch vier!" sagt er kameradschaftlich. Ein paar warnen, haben sie nicht bittere Erfahrungen mit solchen Helfern gemacht, aber die Hungrigen lassen sich nicht abhalten. Noch einmal werden achtzig Zloty gesammelt, die vier Brote aber treffen niemals ein...

Im Laufe des Vormittags läßt der Kommandant den Pfarrer Dietrich rufen, mustert ihn mit verkniffenen Augen von oben bis unten. "Ich brauche einen Mittelmann", sagt er schließlich, "mit dem ich mancherlei Erfordernisse besprechen kann. Sie übernehmen diese Stellung, geben aber vorher Ihr Ehrenwort, daß Sie keinen Fluchtversuch machen!"

"Ich gebe es!" sagt Pfarrer Dietrich. "Jetzt habe ich also demnach das Recht, mit allen Leuten meines Zuges zu sprechen?"

"Aber nur polnisch!" unterbricht der Kommandant.

"Darf auch während des Marsches von einer Abteilung zur anderen gehen?" fährt Pfarrer Dietrich fort, die verwunderlich günstige Stimmung des Kommandanten bis zum Letzten nützend.

Der Kommandant nickt. "Sprechen Sie jedoch ein überflüssiges Wort, hängen Sie als erster am nächsten Baum!" setzt er hinzu.

"Ich möchte dann gleich folgenden Vorschlag machen", fährt Dietrich ungerührt fort, "unsere Frauen könnten den Wachen in der Gutsküche kochen. Wenn sie dann etwas Mittagessen abbekämen, wäre beiden Teilen damit gedient."

"Ein guter Vorschlag", sagt der Kommandant, "es mag so sein!"

Damit ist schon viel gewonnen, bekommen wenigstens die Frauen Nahrung, können sicher dabei den Männern etwas zuschieben. Aber diese Hoffnung trügt; als die Suppe endlich fertig ist, kommen sie wohl jeder zu einem Schöpflöffel, den Männern aber einen Topf voll durchzuschmuggeln, erweist sich bald als völlig ausgeschlossen. Aber wenn auch die Frauen nicht satt werden, sie können doch wenigstens trinken, sich am Kartoffelwaschwasser satt trinken...

Schon über Mittag wird es in den Ställen unerträglich schwül, zudem ist der alte Pferdemist unter ihnen so heiß, als lägen sie alle auf glühenden Steinen. Der Dunst des Ammoniaks steigt beizend in ihre Gesichter, daß die vom Staub ohnehin entzündeten Augen haltlos tränen, der erneut ausbrechende Schweiß mischt sich mit dem Staub, der ihre Leiber wie feiner Sand bedeckt, daß es sie am ganzen Körper wie mit Nadeln sticht. Nach dem Füttern werden die Pferde ausgiebig getränkt - wie folgen aller Augen gierig aufgerissen den vollen Kübeln, wie schneidet das Geräusch des Wassers in ihre Ohren, wenn die Pferde mit schlagenden Lippen darin spielen!

"Gebt uns doch einen Kübel!" ruft ein alter Mann verzweifelt.

"Polnisches Wasser euch?" ruft der Soldat. "War euch der polnische Staat nicht gut genug, braucht ihr auch kein polnisches Wasser!"

Als die Pferde fertig getränkt sind, stellt er die leeren Kübel achtlos fort. Kaum ist er aus dem Stall hinaus, stürzen sich einige auf diese Kübel. In einigen finden sich kleine Reste mit aufgeweichtem Häcksel durchmischt, doch die schalen Neigen werden verteilt, daß jeder wenigstens die aufgeschwollenen Lippen netzen kann. "Abends werden die Pferde nochmals getränkt", sagt ein Bauernsohn tröstlich, der sich bei Pferden auskennt, "da bekommen wir vielleicht nochmals einen Schluck..."

Als der Abend herniedersinkt, kommen die Soldaten zurück. Sie schütten den Pferden Hafer in die Krippen, viele Deutsche schleichen ungesehen hinzu, nehmen eine Handvoll heraus, kauen ihn mit vieler Mühe zu einem Brei, aber sie können kaum mehr Speichel bilden, es dauert fast eine Viertelstunde, bis sie ihn endlich hinunterschlucken können.

Bei diesen Arbeiten im Stall können die Soldaten sich nicht enthalten, die Gefangenen höhnisch mit den neuesten Nachrichten zu versorgen. "Wißt ihr schon", sagt der eine, "Berlin ist nur mehr ein großer Schutthaufen!"

"Mussolini hat Selbstmord begangen!" setzt ein zweiter hinzu.

"Euer Hitler hat abgedankt!" fährt ein dritter fort.

"Ist nach Doorn zum Kaiser geflüchtet!" schließt ein vierter triumphierend.

Die Deutschen müssen trotz dieses Unsinns ernst bleiben, ein Lächeln würde die Soldaten schon zur Raserei bringen, sicher einigen Gefangenen das Leben kosten. Wie als Gegenbeweis ihrer kindlichen Lügen heult es bei den letzten Worten auf, kommt ein ganzes Geschwader von Westen angebraust, wirft auch tatsächlich einige Bomben auf in der Nähe marschierende Truppenverbände ab. Diesem Fliegerangriff haben die Gefangenen eine zweite Nacht in Jarantonice zu danken. Sind die *Junaki* zu einem Weitermarsch noch nicht wieder fähig, oder haben Sie Angst vor einer Wiederholung dieses Angriffs auf dem Marsche? Jedenfalls wird an diesem Abend nicht aufgebrochen, sie dürfen auch die Nacht noch in den Ställen zubringen. Als Pfarrer Dietrich das dem Trupp des Dr. Raapke mitteilt, der mit achtzig Kameraden in einem Stalle liegt, tritt plötzlich ein Soldat hinter den Pferden hervor, stellt sich breitbeinig vor den Pfarrer hin. "Zeig mal deine Bibel!" sagt er lauernd.

Pfarrer Dietrich holt das Testament hervor, zeigt ihm ruhig das kleine Bändchen.

"Das ist nicht die richtige!" ruft der Soldat störrisch.

"Ich kenne keine andere!" sagt Pfarrer Dietrich.

"Du kennst nicht - oh - wie du lügst! 'Mein Kampf' ist eure Bibel - nicht das Neue Testament!" lacht der Soldat.

Endlich tränken sie wiederum die Pferde, gibt es wieder einen Schluck Wasser, außerdem aber haben sie noch das Glück, daß eines der letzten Pferde nicht austrinkt, ein Kübel fast gefüllt stehenbleibt. Dann senkt sich langsam die Nacht auf sie herab, aber die Nacht ist schlimmer als der Tag. Kommt es nur durch die Dunkelheit, kommt es dadurch, daß sie kein Maß der Zeit mehr haben? Ist eine dieser sieben Stunden nicht länger als sonst eine ganze Nacht, von dem Durst, von dem Hunger, von der Hitze, von all diesem auf eine fast endlose Dauer zerdehnt? Zudem sind jetzt die Fliegen von der kühlen Nacht ins Warme geflüchtet, wie eine von den Polen ausgedachte Folter sitzen sie zu Millionen auf ihnen, lassen niemanden die Augen schließen, kriechen wie dicke müde Würmer in ihre Nasen, in die vor Durst weit klaffenden Münder...

Die Frischesten flüstern leise miteinander, suchen sich durch Gespräche die Nacht zu kürzen. "Da sitzen wir nun", sagt der alte Rausch, der Besitzer einer großen Gravierfabrik, dessen Sohn als einer der ersten in die Zelle Raapkes kam, den er aber seit dem Nachtmarsch nicht mehr sah, "der Fabrikbesitzer neben dem Lehrling, der Arbeiter neben dem Bankdirektor. Hier ist die wahre

Volksgemeinschaft, von der wir immer aus dem Reiche hörten, wir brauchen sie nach der Befreiung nicht erst zu lernen."

"Und woraus ist sie hier erstanden?" sagt Dr. Raapke leise.

"Weil man uns nicht einzeln, nicht eine Schicht von uns bekämpft, sondern als ganzes Volk vernichten will. Sie hätten, so gesehen, nichts Dümmeres tun können, um uns für alle Zeiten unvergeßlich zusammenzuschweißen!"

"Hoffentlich vergessen wir es nie wieder!" sagt der alte Rausch gedankenvoll.

"Sagen Sie doch mal", fängt Raapke wieder an, "ich erinnere mich an einzelne Erzählungen, von unseren schönen Stammtischabenden her. Sie staken doch mitten im russischen Bürgerkrieg: haben die Russen eigentlich so an den Weißen gehandelt, wie die Polen hier mit uns umgehen?"

Der alte Rausch sinnt eine Weile, sagt dann mit Entschieden-heit: "Erstmals war damals Bürgerkrieg, also der Krieg, der immer der furchtbarste ist. Und man hat Tausende erschossen, hat Zehntausende umkommen lassen. Aber auf 'lassen' liegt hier das Gewicht, Epidemien taten dazu das meiste, dazu die allgemeinen Hungersnöte. Und was man erschoß, das erschoß man eben, solche Quälereien aber, wie sie hier alltäglich sind, die waren dort verein-inzelt, in jenen Fällen eben, in denen man jemand fing, der vor dem Umsturz andere geschunden. Wen haben **wir** geschunden, wem nahmen **wir** was weg? Das ist der große Unterschied, ist doch eine gänzlich andere Voraussetzung... Ich habe damals auch viele Deportiertenzüge gesehen, aber ich habe bei Gott nicht erlebt, daß man sie nicht wenigstens notdürftig verpflegte, ich habe bei Gott nicht erlebt, daß man sie nicht trinken ließ, wenn sie in der Son-nenhitze an Brunnen vorüberzogen! Und ich habe nicht erlebt, daß man die Frauen derart bestialisch quälte, und habe nicht erlebt, daß man zu Tausenden auch noch die Leichen schändete - dazu war der

Russe viel zu gut, hat er eine viel zu reine Seele! Und wenn dort schauerliche Dinge geschahen, so waren meist befreite Sträflinge die Täter, oftmals auch Letten, oft Chinesen - hier aber ist es das Volk an sich, das Volk als Ganzes, sind es die Intellektuellen, ist es fast jeder Soldat, sind es auch viele Bauern! Und was das wichtigste ist, hier sind es Waffenlose, an denen dies alles geschieht - während es dort doch meist Offiziere waren, die man mit Waffen in den Händen fing..." Er ist dabei merklich erregt geworden, der alte Rausch, ringt jetzt ein wenig nach Atem.

"Das ist gut, mein Lieber!" sagt Dr. Raapke laut. "Das wollen wir uns merken, denn der Vergleich sagt mehr darüber aus, als eine lange Erzählung über die Sache selbst! Ist gleichzeitig ein so unanfechtbares Urteil, wie es kein zweites geben kann, dazu noch eins, das die Polen für dies Jahrhundert zum letzten Volk unserer Erde stempelt!"

"Hörte ich nicht oft einen Soldaten sagen", fängt der alte Rausch jetzt wieder an, "wenn ihnen ein Weißer schwer verwundet in die Hände fiel und der rote Judenkommissar ihn unverbunden verrecken lassen wollte: 'Verbindet ihn trotzdem ein wenig um Gotteslohn - auch ihn hat eine Mutter in Schmerzen geboren!' Habt ihr das je gehört, von einem Polen nur einmal gehört?"

"Und das ist vielleicht eine der größten Schanden der polnischen Kirche", fällt Raapke ein, "daß sie in keinem einzigen Falle mildernd dazwischentrat. Als man einen katholischen Pater aus seinem Kloster herausholte, weil er ein Deutscher war, fand sein Oberer nicht ein einziges Wort für ihn. Als der Posener Kardinal an einem Verschlepptenzuge vorbeifuhr, sich ein paar katholische Deutsche an seinen Wagen hingen, ihn um Hilfe für die mitziehenden Kinder anflehten, wandte er seinen frommen Kopf wortlos nach der anderen Seite. Als in einem Dorf die Frauen vor den Soldaten zu ihrem Pfarrer flüchtete, antwortete dieser ihnen vor allen Soldaten mit wüsten Schmähungen: 'Geht doch euren Hitler um Hilfe an, was kommt ihr jetzt zu mir...'"

Der Dunst beizt, die Hitze frißt, die Fliegen quälen. Alle Augenblicke stöhnt jemand auf, ein paar weinen hörbar vor sich hin. Der Gaumen schmerzt vor Trockenheit, die Augen brennen vom Dunst des Mistes, die Magen krampfen sich in kleinen Abständen, als ob sie eine rohe Faust zusammendrücke.

"Und die Lehrer!" sagt unvermittelt ein Mann, der eine Schar Kinder hat. "Meine Kinder haben mir oft erzählt, was sie in den polnischen Schulen trieben. Da gab es zum Beispiel dreimal in der Woche eine sogenannte Instruktionsstunde, zu deren Anfang der Lehrer ein großes Bild des Führers zeigte. 'Wer ist das?' 'Der Hitler ist's!' riefen die Kinder, 'der Verderber Polens!' 'Was geschieht mit ihm, wenn er in unsere Hände fällt?' fragte der Lehrer weiter. 'Wir werden ihn rösten!' schrien die einen. 'In Stücke schneiden!' schrien die anderen. 'Durch eine Mühle drehen!' schrien die dritten. So machten sie die ganze Stunde nichts anderes, als sich Qualen für ihn zu ersinnen - was wundern wir uns über die Quälereien, die sie dann an uns Deutschen verübten?"

"Und wer von uns möchte nicht im Gegensatz dazu beschwören", denkt Dr. Raapke dabei, "daß man im Reiche vom Staate her eine ehrliche Verständigung wollte? Verbot man nicht zum Beispiel alle Bücher, die etwas Negatives über Polen enthielten?"

"Eine beliebte Frage an die Kinder in den Schulen war auch", fuhr der Mann fort, "warum die meisten Deutschen alle hohe Stiefel trügen? Damit sie eine bessere Haltung haben, denn ohne lange Stiefel sind sie alle schlapp! antworteten die Kinder. Eine andere diese: Was werden wir nach dem Kriege mit ihnen tun? Wir werden sie alle auf einen einzigen Scheiterhaufen werfen! Und eine dritte: Wieviel dürfen von ihnen übrigbleiben? Soviel unter einem Birnbaum Platz haben!"

Sie kommen in ihrem Gespräch nicht weiter, denn plötzlich horchen alle erschrocken auf. Aus der Remise der Frauen dringen schrille Schreie herüber, wird dort jemand vergewaltigt oder sind es wieder Wahnsinnsausbrüche? Es sind nur ein paar Wahnsinnsausbrüche, sind nur zwei Frauen, die um jeden Preis ins Freie wollen. "Ich muß doch zu meinen Kindern, die verhungern mir doch inzwischen!" schreit die eine immer wieder, während die andere plötzlich der Meinung ist, im nächsten Augenblick fiele eine Bombe in die Remise. Aber auch dort stehen ein paar Unüberwindliche am Tore Wache, werfen ihre Angriffe mit den letzten Kräften zurück, wieder ist das tapfere Fräulein Buller unter ihnen.

Die gellenden Schreie sind jedoch der Tropfen, der den Kelch auch bei den Männern zum Überlaufen bringt. Eine Handvoll der seelisch Schwächsten springt plötzlich auf, dringt auch dort stöhnend auf das Tor ein. "Ich verbrenne hier!" schreit einer von ihnen. "Meine ganze Haut ist schon voller Blasen, ich will ins Wasser, will meine Brände endlich einmal kühlen..." Vor dem Tor entspinnt sich ein verzweifelter Kampf, gelingt es dieser Handvoll, aus dem Stalle auszubrechen, schießen die Soldaten zweifellos ohne Ziel in alle hinein. Es bleibt den letzten Unentwegten nichts übrig, als sie schließlich mit harten Schlägen zurückzutreiben. So sinken sie denn am Ende erschöpft auf den Mist zurück, einer von ihnen aber wiederholt wohl dreißigmal monoton: "Laßt mich doch wenigstens telephonieren, laßt mich doch wenigstens daheim Bescheid sagen..."

Endlich zeigt sich dennoch an den Fenstern des Stalles das erste Frühlicht, fällt der Irrsinn dieser Nacht noch einmal wie ein Spuk von allen ab. Auch die Wildesten sind plötzlich wieder vernünftig, folgen apathisch allen Anweisungen der Führer. Nur einer erleidet noch am hellen Morgen einen Rückfall, erhebt sich mit feierlicher Gebärde, als Pfarrer Dietrich zu einer dienstlichen Besprechung in das Tor tritt. "Es gibt keinen Gott mehr", ruft er ihm entgegen, "ich weiß es jetzt bestimmt! Laßt uns den Teufel anbeten, ihr, meine Glaubensbrüder, er allein kann uns hier helfen!" fährt er in predigendem Tone fort. "Er ist's allein, dem diese Welt gehört, er ist's allein, dem alle Menschen dienen..."

Pfarrer Dietrich starrt ihn einen Augenblick lang hilflos an, tritt dann entschlossen auf ihn zu, schlägt ihm mit weit ausholender Bewegung schallend ins Gesicht. "Schämen Sie sich", ruft er dabei, "Sie wollen ein Mann sein, reden solch ein dummes Zeug? Nehmen Sie sich gefälligst zusammen, wie es Schwächere als Sie vermögen..."

Dieser klare Schlag, dieses klare Wort dazu, dieses beide wirkt wie ein kaltes Bad. Der Irre taumelt jählings zurück, fährt sich wie erkennend über die Stirn, sinkt dann kraftlos auf den Dung nieder, bricht in ein verzweifeltes Weinen aus.

Und wieder geht die Sonne auf, wieder beginnt der Hunger, wieder quält der Durst. Von neuem erwerben sie sich Äpfel, trinken sie die Reste der Tränkeimer. Pfarrer Dietrich hat es durchgesetzt, daß man sie zu ihren Bedürfnissen hinausführt, aber sie haben fast keine mehr. Wenn sich bei solchem Anlaß das Tor öffnet, sehen sie draußen die *Junaki* fressend sitzen, von ihrem Überfluß die Hunde fütternd. Oh, hätten sie doch diese Brocken, wie glücklich wollten sie damit sein... Aber bitten tut niemand, tut auch jetzt niemand - noch hat der Stolz sie nicht verlassen, noch sind ihre Seelen stärker als alle Qualen des gemeinen Leibes...

Als es dämmert, kommt plötzlich der Befehl zum Weitermarsch, zum Weitermarsch nach Wloclawek.

13

Zusammenschluß des Bromberger mit dem Pommereller Verschlepptenzug

Kaum hat sich der Bromberger Zug auf dem Müllabladeplatz von Nieszawa niedergelassen, als von Westen her ein noch größerer Zug in die Straße zu diesem Platz einbiegt. Er zählt weit über tausend Menschen, auch bei ihm sind viele Frauen, er kommt anscheinend aus Pommerellen.

Zum ersten Male sehen die Bromberger gleichsam ein Spiegelbild ihrer selbst, können sie solch einen Zug aufmerksam betrachten. Wohl sind sie bisher auch schon manchem begegnet, aber doch immer nur in eiligem Vorbeimarsch als Selbstgetriebene. Hier liegen sie nun rastend auf dem Schutt, haben zum ersten Male wirklich Muße, dies erschütternde Bild für alle Zeit in sich aufzunehmen: Als erstes kündigt ihn eine langsam sich vorwärtswälzende Staubwolke an, als nächstes dringt das unablässige Durcheinanderschreien der Eskorte bis zu ihnen, als drittes erst tauchen die vordersten Reihen der Verschleppten auf. In den ersten Gliedern gehen meist die straffsten Gestalten, je länger der Zug jedoch vorbeizieht, umso gebeugter werden die müden Rücken seiner Menschen. Ein alter Mann hängt mit den Armen über den Schultern zweier anderer, daß er an einen alten Adler mit schleifenden Flügeln gemahnt, seine einst so klaren Vogelaugen sind fast erloschen, nur seine gebogene Hakennase gibt noch eine Ahnung vom einstigen Ausdruck des Gesichtes. Viele Männer hängen gleichsam nur noch in den Armwinkeln ihrer Kameraden, ihre Beine schleifen schon mehr auf dem Boden nach, als daß sie sich noch selber schreitend vorwärtsschöben. Bei manchen auf solche Art aufopfernd Mitgeschleppten sieht man deutlich, daß sich ihre Beine nur mehr wie die von Marionetten in der Luft bewegen, den Erdboden meist nur mehr schlenkernd mit den Fußspitzen streifen. Aber solange einer überhaupt noch so tut, als laufe er, wird er von seinen Volksgenossen nicht im Stich gelassen...

Als die Bromberger schließlich auch die Gesichter sehen, sagt jeder gleichsam zweifelnd zu sich: Sehe auch ich so aus? Auch diese haben sich seit acht Tagen nicht gewaschen, so hat sich die Schicht des Straßenstaubes, vom Schweiße des Marschierens lehmartig geworden, wie eine fingerdicke Kruste über ihre Züge gelegt, was den Gesichtern etwas mumienhaft Erstarrtes gibt. Da zudem viele von den frischen Schlägen blutende Wunden haben, ist dieser Lehm oft marmorartig von Blut durchsetzt, aus dieser Starre aber blicken nun meist Augen, die oftmals selber noch blutunterlaufen, immer aber seit vielen Tagen schwer entzündet sind. Der Blick jedoch, den diese kranken Augen haben, den werden sie am wenigsten vergessen: Bei den meisten sind sie gleichsam längst erloschen, sind sie wie bei Sterbenden schon blicklos geworden, bei vielen aber haben sie noch den Ausdruck gehetzten Wildes, ist nicht das Ganze auch eine große Treibjagd? Unsagbar kläglich ist auch das Aussehen ihrer Kleider, die Anzüge der Männer sind vom Staube einheitlich grau, manche aber tragen in rührendem Ordnungssinn noch immer ihre Kragen, wenn sie sich auch schon längst nur mehr wie graue Lappen um die Hälse schlingen, zuweilen werden sie sogar noch wie in besseren Zeiten von

Krawatten zusammengehalten. Soweit es nicht das kräftige Beiderwand der Bauerntrachten ist, sehen die Kleider der Frauen von allen am mitgenommensten aus, die leichten Sommerstoffe hängen längst in Fetzen an ihren Gliedern, die Rocksäume der älteren Frauen sind rundherum abgetreten, die dünne Seide der Sommerblusen junger Mädchen überall durchlöchert, an den nackten Beinen mancher läuft helles Blut herunter. Das Traurigste von allem aber sind die Füße, denn die meisten haben keine Schuhe mehr. So hat man sie denn zum Ersatz mit Taschentüchern umwickelt, oft auch nur mit Stücken grober Säcke, die man zum Glück noch irgendwo fand. All diese schuhlosen Füße sind längst blutig gelaufen, oft auch seit Tagen mit schweren Eiterbeulen bedeckt - wie viele tausend Schritte sie auch an einem Tage machen müssen, immer noch zucken sie bei jedem Niedersetzen verkrampft zurück...

"So also sehen wir aus!" sagt Baron Gersdorff unvermittelt. Er sitzt mit den Führern vor einem großen Aschenhaufen, lehnt wie sie den müden Rücken ausruhend gegen seinen Wall. Selbst Dr. Kohnerts scharfgeschnittenes Gesicht, das fast immer einen Ausdruck heiterer Sicherheit hat, ist in diesem Augenblick wie von innen her beschattet.

"So sehen wir aus!" wiederholt Adelt leise. "Aber leider sieht es niemand anderes, wird uns auch niemals jemand so erblicken. An unserer Stelle sollten die englischen Politiker sitzen, dafür einmal einen sonntäglichen Kirchgang ausfallen lassen - vielleicht würden ihnen ihre salbungsvollen Worte doch einmal im Halse stecken bleiben, sie sich mal einen Augenblick lang ihrer Schuld bewußt werden!"

"Oder ein paar der frommen Misses, die so gerne in den Missionen arbeiten, um armen Negern zum Christentum zu verhelfen!" sagt Dr. Kohnert spöttisch. "Hier fänden sie ein weites Feld für ihre Nächstenliebe, könnten sich einen Sperrsitz im Himmel erringen..."

"Was mir in diesen Tagen immer durch den Kopf geht", bricht Adelt plötzlich leidenschaftlich aus, "ist vor allem eines, ist vor allem dieses: Was auch Polen in diesem Kriege geschehen mag, ob seine ganzen Städte durch ihn vernichtet werden, ob seine ganze Intelligenz in seinen Schlachten fällt, ob im Hagel seiner Geschütze ein Drittel seines Volkes zugrunde geht - ich könnte mir als Kriegsfolge nichts ausdenken, was mir irgendwie als ungerecht vorkommen würde: Wenn ein Volk so an Waffenlosen handelt, kann es schlechthin nichts mehr geben, was es unverdient erhielte, ist alles Recht geworden, was ihm auch geschieht! Und wenn das Ausland kommt, mit erhobenen Händen ruft: Dies arme Polen, was geschah ihm alles - so müssen wir es sein, die immer wieder ruhig sagen: Es geschah alles zu Recht - was ihm auch geschah! Denn was es hier tat, an zahllosen Kulturmenschen tat, die es wie Herdenvieh durchs Land trieb, wie es uns hierher, wie es jene dorthin treibt, das ist eine solch ungeheure Kulturschande, daß es in Zukunft nichts mehr geben kann, worüber sich dies Volk noch jemals beklagen dürfte, denn mit ihr hat es sich selbst aus der Elite der Kulturvölker gestrichen! Und wenn es einstmals dafür büßt, so wird es ja nicht nur für einzelne büßen, das ganze Volk war an diesem grausigen Massenmord schuld, an diesen viehischen Quälereien unschuldiger Menschen beteiligt, vom Marschall dieses Staates angefangen, über die Woiwoden bis zu den Professoren, über die Lehrer bis zum sturen Bauern, über die Offiziere bis zum letzten Soldaten hinab! Weder die Frauen blieben unschuldig an diesem, noch blieben es die Kinder dieses 'ritterlichen' Volkes - alle haben sich die Hände mit diesem Blut befleckt, alle sich an den Qualen Wehrloser geweidet! Möge sich weder die Welt, noch möge sich dieses Volk selbst über das beklagen, was es einst für diese Sünde am Menschentum bezahlen muß - Gott selber wird es dann nicht hören, denn ihre Taten schändeten auch Gott! Und wenn einst Philanthropen aller Farben sich seiner annehmen, dann sprecht zu ihnen von nichts anderem als diesen Zügen - sie werden sicherlich, wenn ihr es richtig sagt, nichts als die Wahrheit sagt, nach kurzem schon von selbst erkennen, daß dies Volk keine Liebe mehr verdient, ihre guten Werke jedem anderen besseren Nutzen bringen als diesem!"

Sie sehen alle ein wenig überrascht auf ihren Kameraden, es ist im allgemeinen nicht seine Art, mit solcher Leidenschaft aus sich herauszugehen. Dann blicken sie von neuem auf den Zug, der sich schon langsam seinem Ende nähert - man hat ihn übrigens auf den gleichen Platz geführt, vielleicht wird er sich sogar auf dem Weitermarsch anschließen?

"Das ist alles wahr", sagt Dr. Kohnert schließlich. "Aber ich weiß heute schon wörtlich, was das Ausland hierzu sagen wird: Kaum war der Krieg ausgebrochen, machten die Deutschen einen großen Volksaufstand, denn sie waren vom Reich aus bestens bewaffnet! Was blieb den armen Polen übrig, als sich ihrer auf schnellstem Wege zu entledigen - wurden sie jetzt doch nicht nur von vorne, sondern auch im Rücken von ihnen angefallen! Daß es im Zorn über diesen hinterlistigen Überfall zu Ausschreitungen kam, wer will das diesem Volke verdenken, es wird im Todeskampf eines kleinen Volkes in gleicher Lage immer dazu kommen!"

"Mein Gott im Himmel!" ruft Adelt erschrocken aus. "Jetzt wird mir eigentlich erst völlig klar, warum man bei den Verhaftungen überall nach Waffen suchte, warum man aus jedem Haus geschossen haben soll, warum man überall Patronen hineinzuschmuggeln versuchte! Die von Ihnen gegebene Deutung war die große Linie, von vornherein von oben her mit allen Mitteln vorbereitet... Das hat man im ganzen Volke verbreitet, das glauben die meisten wohl auch wirklich..." Er hält erschüttert inne, legt den Kopf in die Hände. "Ist das nicht entsetzlich?" fragt er dann leise. "Hat es jemals Führer eines Staates gegeben, die so etwas leichtfertig auf sich nahmen? In dessen

Folgen nicht nur wir so furchtbar leiden müssen, sondern auch das polnische Volk noch furchtbar büßen wird? Und alles Lüge, alles nur teuflisch ausgedacht...?"

"Aber niemand wird uns das glauben, das ist das Bittere dran!" sagt Dr. Kohnert wieder. Er hat im Schutt einen abgebrochenen Löffel entdeckt, schiebt ihn als kostbaren Fund in die Tasche.

"Aber das ist doch unmöglich!" wehrt Adelt sich erregt. "Es weiß doch schließlich jeder, in welcher Unterdrückung wir lebten, daß ein Waffenbesitz für uns etwas Unmögliches war, daß die Haussuchungen uns schon ein halbes Jahr kaum einen ruhigen Tag ließen, daß der kleinste Waffenfund gleichbedeutend mit monatelangem Zuchthaus war! Daß ferner die Grenzen seit Monaten hermetisch abgeschlossen waren, auch an ein Herüberschmuggeln in der letzten Zeit nicht zu denken war! Wie sollen wir es denn gemacht haben, wenn alle alten Waffen längst abgenommen, neue aber in keinem Fall zu bekommen waren? Es hat doch einfach niemand von uns geschossen, weil niemand von uns Deutschen noch eine Waffe hatte - in diesem Fall ist doch alles klar, *muß* doch die Wahrheit siegen..."

"Ich bleibe nach wie vor skeptisch", sagt Dr. Kohnert ungerührt. "Die Wahrheit ist in unserem Jahrhundert nichts Absolutes mehr, sondern das Erzeugnis des größeren Propagandaapparates..."

In diesem Augenblick kommt ein Gefangener zu ihnen, dem man gerade noch den Pfarrer ansehen kann, er wird von zwei mißmutigen Polen begleitet. Es ist der Pastor Krusche, der Führer des eben angekommenen Zuges. Sie besprechen in Eile das Notwendigste, dürfen kaum ein anderes Wort miteinander wechseln, sie haben es übrigens auch ohnedies erraten: von hier aus sollen die beiden Züge gemeinsam weitergehen. Inzwischen haben sich die Bromberger Führer auch soweit erholt, daß sie die notwendigsten Dinge der Führung wieder in Angriff nehmen können. Dr. Kohnert läßt sich zum Kommandanten führen, bittet ihn, von ein paar Leuten für eigenes Geld Brot einkaufen zu lassen. Seltsamerweise gestattet der Kommandant es diesmal, so wird in Eile noch einmal eine größere Summe Zloty eingesammelt, mit Funkenschnelle verbreitet sich die Hoffnung: "Es wird Brot geben, Brot wird es geben..."

Der neue Zug hat sich inzwischen auch gelagert, so liegen jetzt fast zweitausend Menschen im Schutt herum, trotz des stillen Liegens dauernd von einer Aschenwolke umhüllt, da auch die kleinste Bewegung schon den Staub aufwirbelt. Viele von ihnen knien in den Müllabfällen, stochern suchend in den Haufen herum, vielleicht findet sich doch noch ein Stückchen altes Brot, vielleicht auch nur ein weggeworfener Kohlkopf? Diese in der Asche wühlenden Elendsgestalten bilden das erschütterndste Bild; hier sieht man einen gierig an einer schimmeligen Rinde nagen, dort hat einer eine alte Konservenbüchse gefunden, die er glücklich mit einem Draht an der Jacke befestigt, jetzt hat er doch endlich ein Trinkgefäß, jetzt fehlt nur noch das Wasser selbst! Die meisten aber liegen wie hingeschlagen im Schmutz der Stätte, bewegen nur mehr ihre eitrigen Augen, wenn sich ein anderer vorüberschleppt, stöhnen nur mehr mit aufgebrochenen Lippen nach einem Tropfen Getränk.

Der Platz liegt in seiner ganzen Länge an der Straße, von der er nur durch einen Balken getrennt ist, der auf halb mannshohen Pfählen rings um ihn herumläuft. Rechts von der Straße zieht sich ein hoher Bretterzaun hin, er umschließt anscheinend einen riesigen Sägeplatz, links aber ziehen sich ein paar sandige Hügel hinauf, auf ihnen liegt eine Reihe ärmlicher Bauernhäuser. Unweit dieser kleinen Hügelrücken liegt auf der anderen Seite die evangelische Kirche, nicht weit von dieser aber steht ein kleines Haus, gerade an der dem Platz gegenüberliegenden Straße, in dem anscheinend eine noch nicht vertriebene volksdeutsche Familie wohnt.

Aus diesem kleinen Hause nämlich empfangen sie das herrlichste Geschenk, das sie sich in der brennenden Mittagshitze dieses Tages denken können: In seiner Tür erscheint mit einem Male eine kleine Frau, deren glattes Schwarzhaar pagenhaft auf die Schultern fällt - neben ihr läuft mit hellem Plappern ein zartes Mädchenkind, an jedem Arme aber trägt sie schamhaft lächelnd einen Eimer Wasser! Es gibt fast einen Aufruhr auf dem Müllplatz, es bedarf aller Energie der Führer, daß man die kleine Frau nicht einfach niedertritt...

So trinken sie denn, trinken sie fast alle, wenn jeder auch nur einen Schluck bekommt, gibt es ihnen doch wieder ungeahnte Kräfte. Drei Stunden lang trägt diese kleine Frau, es ist die Frau des geflüchteten Küsters Wiese, aus ihrem Hause über die Straße ihre schweren Eimer - schließlich kommt noch aus der Stadt das angekaufte Brot, wenn auch von diesem jedem nur ein winziges Stück zufällt, kennt doch das allgemeine Glück fast keine Grenzen.

Um vier Uhr nachmittags, viel zu früh für alle, kommt der Befehl zum Weitermarsch. Wiederum ordnen sich die Züge, als erster zieht der Bromberger vom Platz, als zweiter schiebt der Pommereller sich aus dem Schutt heraus, vom Liegen in den Abfällen noch lange eine Wolke von Gestank verbreitend. Es geht dicht am Ufer der Weichsel entlang nach Wloclawek zu, das sie bei Einbruch der Nacht gerade noch erreichen. Mit großen Augen sehen sie, daß hier schon viele Häuser zerschossen sind, aufs neue taucht die Hoffnung auf, doch eines Tages noch befreit zu werden. Man pfercht sie alle zusammen in eine Turnhalle, aber wie groß der Raum auch diesmal ist, wiederum können lange nicht alle ausgestreckt liegen. Aber es ist doch immerhin kein Abfall, überall von menschlichem Kot durchsetzt, auf dem sie jetzt zusammengekrümmt hocken müssen, doch immerhin kein stinkender Straßenschmutz, überall von schneidenden Glassplittern gemischt, auf dem sie jetzt mit nackten Füßen stehen müssen.

Schon sehr früh geht es am andern Morgen weiter, aber nicht mehr nach Osten, sondern auf einmal geradewegs nach Süden zu. Ob östlich schon die Deutschen sind, die Landstraßen schon gesperrt haben? Auch hier kann Dr. Kohnert noch erreichen, daß man neben den kranken Frauen auch einige alte Männer auf Wagen legt. Als aber der siebzigjährige Superintendent Aßmann um das gleiche bittet, ein würdiger Pfarrer besten Rufes, kann man ihn kaum vor einem Überfall bewahren. "Seht diesen Banditen an", ruft der Kommandant, "ist dabei der Gefährlichste von allen!" So nehmen denn zwei junge Männer ihn wiederum auf ihre Arme, schleppen den erschöpften Greis auch diesen ganzen Tag noch mit sich fort. Schließlich zieht alles wiederum dahin wie immer, mit schleifenden Füßen, von Staub umwölkt, in jedem Nest geschlagen, von jedem Vorübergehenden mindestens angespien...

Der Tag wird wiederum fast sommerlich heiß, unentrinnbar brennt die Sonne auf sie herab. Da sie seit Nieszawa nichts mehr zu trinken bekamen, beginnt der Durst um Mittag Formen des Verdurstens anzunehmen. Oft stehen an den Dorfstraßen große Wasserbottiche, von Bauern für die durchziehenden Soldaten sorglich aufgestellt, den Gefangenen aber ist ein Trinken daraus bei Todesstrafe verboten. An diesem Mittag hat dieses Verbot keine Wirkung mehr, als erster wirft sich plötzlich ein alter Mann über einen solchen Bottich, zieht alles umher vergessend unersättlich das Wasser in sich ein. Doch während er noch trinkt, auch andere schon dem Beispiel folgen wollen, stürzt der nächste Posten auf ihn zu, holt den umgedrehten Karabiner mit weitem Schwunge aus, läßt den Kolben schmetternd auf den Hinterkopf fallen. Der Mann gibt keinen Laut von sich, sein Kopf sinkt halb zertrümmert in das Wasser, allmählich sinkt sein ganzer Oberkörper nach, während sich das klare Wasser von seinem Blute rötet. "Jetzt hast du wohl genug bekommen, du verdammter Wassersäufer!" schreit der Polizist ihm noch nach. Er duldet nicht einmal, daß man den leblosen Körper herauszieht, er soll zur Abschreckung in diesem Bottich liegenbleiben...

Gegen Abend zeigen sich die ersten Delirien, fangen die Gefangenen vereinzelt zu phantasieren an. "Dort liegt doch mein Gehöft, am Gartentor steht meine Elisabeth, sie will mir einen Krug mit Wasser reichen, laßt mich doch eben mal zu ihr hinüber!" ruft ein junger Bauer immer wieder. Hat so einer in seinem Gliede nicht zufällig jemanden, der noch so viel Kraft besitzt, um ihn von seinem Vorhaben zurückzuhalten, zählt sein Leben nur mehr noch Sekunden. Denn wer sich auch nur einen Schritt aus der Reihe begibt, wird von den Posten augenblicklich totgeschlagen.

Immer mehr beginnen jetzt eine Fata Morgana zu sehen, herrliche Flüsse mit Wasserfällen, von schattigen Baumgruppen einladend umgeben: "Nur noch ein paar Kilometer, dort vorne sieht man es schon deutlich", sagen sie ernstlich zu den Kameraden, "rafft euch nur noch einmal zusammen, in einer halben Stunde haben wir's erreicht!" Gegen fünf Uhr wird diese Vorstellung bei einigen so stark, daß sie plötzlich aus den Reihen brechen, in weiten Sprüngen auf einen nahen Hügel zulaufen. Sofort erhebt sich ringsum ein wildes Geschieße, keiner kommt weiter als zehn Meter fort. Alle werden nach dem Fallen mit den Bajonetten zerstochen, auf einen ist der Posten in seiner Wut sogar hinaufgesprungen, steht mit umgedrehtem Karabiner auf ihm, den einen Fuß auf seiner Kehle, den andern auf dem Geschlecht, führt so Stich um Stich in den sich windenden Leib. Auf den jedoch, der am weitesten kam, springen drei *Strelzi* mit ihren schweren Nagelstiefeln, treten so lange auf seinem Gesicht herum, bis es nur mehr eine blutige Masse ist...

Einer nach dem anderen fällt in den vorderen Reihen aus, fällt Glied um Glied zurück, bis er zu guter Letzt am Schlusse des Zuges angelangt. Dort tritt der nächste Posten ihm sofort ins Kreuz, hält er diesen Stoß noch aus, so mag er noch länger leben - meist sinkt er unter dem dritten Tritt zusammen, der dem ersten gewöhnlich in kurzem Abstand folgt. Das aber ist das Zeichen zu seiner Liquidierung, damit endet er wie alle vor ihm durch den Kolben. An diesem Tage fallen vierundvierzig Verdurstende, enden alle vierundvierzig auf diese Weise...

Aber den Polen geht es immer noch zu langsam. Daß diese Deutschen so zäh sind, wer hätte das von ihnen wohl jemals gedacht? So trifft der Kommandant kurz vor Chodez auf einen Offizier, einen gepflegten Oberleutnant eines vornehmen Warschauer Regiments. Er steigt einen Augenblick vom Pferde, sie tauschen Zigaretten miteinander, schließlich sagt der Fremde mit einer Kopfbewegung: "Warum sind das denn immer noch so viele, habt Ihr bis hierher noch nicht mal Zeit gehabt, ein wenig unter diesen Schweinen aufzuräumen?"

Der Kommandant lacht nur, macht darauf seine schmalen Augen. "Das kommt noch alles, beruhigen Sie sich, ich bin eher dafür, es langsam abzumachen!"

Da lacht der andere auch, gibt seinem Pferd die Schenkel: "Das ist ganz richtig, sie haben mehr davon, diese verdammten *Hitlerowzi...*"

Endlich geht die Sonne unter, senkt sich die Dämmerung herab. "Nur etwas Geduld noch", sagt ein Bauernjunge immer wieder zu sich selbst, "bald fällt der erste Tau..."

Aber bevor der Tau noch fällt, daß sie ihn lecken können, erreichen sie ihr Tagesziel, die große Zuckerfabrik in Chodez.

14

Mit dem Thorner Verschlepptenzug auf Warschau zu

In Wloclawek treibt man den Thorner Zug in die gleiche Turnhalle, in die man auch den Bromberger Zug legte, nur bringt der Thorner statt der Nacht den Tag darin zu. Die *Junaki* halten immer noch an den Nachtmärschen fest, während die *Strelzi* sie schon aufgegeben haben. An diesem Tage gibt es wieder nichts zu essen, gibt es auch keinen einzigen Tropfen zu trinken. So sehnen sich die Gefangenen trotz ihrer Erschöpfung nach dem Weitermarsch, vielleicht bietet sich draußen eher Gelegenheit, einmal einen Schluck Wasser aus irgendeiner Pfütze zu erhalten. Vielleicht regnet es sogar - wie herrlich wäre das! Man würde einfach mit herausgestreckter Zunge marschieren, den Kopf weit zurückgeworfen, würde sich den Regen auf diese Weise stundenlang in den Mund rinnen lassen...

Aber als sie wieder hinausgelassen werden, sehen sie zu ihrer Enttäuschung, daß am Himmel mit klarem Leuchten die Sterne stehen. Sicherlich hat es dafür wenigstens Tau, aber sie dürfen ja nicht aus der Reihe treten, dürfen sich ja nicht einmal bücken. Vielleicht kommt bald ein Fliegerangriff, dann müssen sie sich in die Gräben werfen, dann können sie sich das feuchte Gras in die Münder stecken, ihre vor Trockenheit aufgeschwollenen Schleimhäute ein wenig kühlen. Aber obwohl es heller Mondschein ist, zeigt sich kein Flieger, so beginnen auch in diesem Zug die Delirien. Einer sieht im Graben das fette Rankwerk der Melonen wachsen, hängt nicht an jedem Busche eine der saftigen Früchte? "Wenn ich doch nur dorthin könnte, mich nur einmal danach bücken dürfte", sagt er zu seinem Nachbarn. "Mit einem Griff hätte ich eine, es ist ja alles voll davon..." Er sieht sich vorsichtig um, aber dicht hinter ihm geht ein Posten, eine Weile schleppt er sich taumelig weiter, immer den Kopf in den Graben gewandt, schließlich erträgt er es nicht mehr, springt er mit einem Satz hinein... Im gleichen Augenblick schießt der Posten auch schon, ein paarmal greifen seine Hände noch um sich, greifen im hohen Gras suchend nach den Melonen... "Willst wohl flüchten?" schreit der Posten, repetiert das Gewehr. "Hab' dich die ganze Zeit beobachtet, verdammte Hundeleiche, aber mir entkommst du nicht..."

In der dritten Morgenstunde nahen endlich ein paar Flieger, sofort wirft sich alles auch ohne Kommando in die Gräben. Wie kühl das Gras ist, wie naß es auch ist! Einige wühlen ihre Gesichter hinein, andere stopfen große Büschel in den Mund. Aber das Glück wird noch größer, daneben läuft ein Rübenfeld entlang, möglichst unmerklich reißt jeder eine aus, nimmt einen Arm voll Blätter dazu, sie lassen sich so herrlich kauen, ihr Brei ist wie Balsam in den entzündeten Mündern! So sind sie denn für ein paar Stunden gerettet, durch die deutschen Flieger gerettet - dankbar schauen sie zu den grauen Adlern hinauf, wie sie im fahlen Mondlicht donnernd nach Osten ziehen.

Ein paar Stunden fühlen jetzt alle Erleichterung, dann aber beginnen die alten Qualen wieder von neuem. Fast alle gehen jetzt miteinander eingehakt, so können die mittleren beim Gehen beinahe schlafen, denn die Beine bewegen sich allmählich mechanisch. Schlafen tun auch alle sofort beim kleinsten Aufenthalt, viele so tief, daß sie selbst die brüllenden Kommandos zum Weitermarsch nicht hören. Kommt aber einmal das Kommando zum Niedersetzen, so werfen sich alle schlagartig nieder, wo sie im Augenblick gerade stehen, sei es im knöcheltiefen Staub, sei es im Kot vorbeigetriebenen Viehs, sei es im Blute eines Erschossenen. Es ist ja gleich, nur sofort liegen, nur keine Sekunde versäumen...

Pfarrer Dietrich geht den Zug jede Nacht ein paarmal ab, von einem mürrischen Wachtmeister geleitet. Er ist wie ein getreuer Hirte, der seine Herde sorglich umkreist. Stößt er in einem Glied auf jemanden, der bereits allzu sichtbar hin und her schwankt, auch keinen Kräftigen mehr neben sich hat, führt er ihn selbst an den Schluß, hilft ihm auf einen Wagen der Kranken. Oft aber muß er schon beim nächsten Gang erkennen, daß der von ihm dem Wagen Zugebrachte nicht mehr darauf ist, dennoch darf er keine Frage nach seinem Verbleiben tun. Muß er denn auch noch fragen, sagen die Schüsse nicht genug, die man so oft am Ende des Zuges hört?

Aber es sind nur mehr wenige, die durch Schüsse umkommen, die meisten sterben durch Bajonette. Wenn ein *Junak* plötzlich müde wird, geht er einfach an einen dieser Wagen. Ist auf diesem Wagen gerade Platz, ist es gut - ist er voll, reißt er den Nächstbesten herunter. Breit setzt er sich statt seiner auf das Gefährt, während die Spießgesellen den Kranken "liquidieren", nach ein paar Stichen einfach in den Graben rollen. Auf diese Weise reichen die wenigen Wagen stets für die Kranken aus, gibt es trotz andauernden Zuzugs immer nur die gleiche Zahl...

Auf den Straßen herrscht jetzt auch nachts ein unheimliches Leben, tausende von Bauerngefährten schieben sich mit ihnen nach Osten, zwischen ihnen ziehen mit hungrigem Brüllen ganze Viehherden dahin. Häufig erkennen die Gefangenen Thorner

Fahrzeuge darunter, die einfach von den Flüchtlingen requiriert wurden, Kraftwagen der städtischen Wasserwerke wechseln mit Straßenreinigungsgefährten, Milchwagen der deutschen Molkereien folgen Lieferwagen von Firmen, deren Besitzer sich im Zuge selber vorwärtsschleppen, einmal werden sie sogar von dem schönen Personenwagen eines Fabrikanten überholt, in dem eine ganze Reihe von ihnen zahllose Feiertagsfahrten machte. Ganz Westpolen scheint auf dem Wege nach Osten, kaum ein Pole in den alten deutschen Provinzen geblieben zu sein.

"Das ist das schlechte Gewissen!" sagt der alte Rausch befriedigt. Er ist von unverwüstlicher Kraft, dieser alte Sibirier, trotzdem ihn eine Sorge quält: Er sieht seit Tagen seinen Sohn nicht mehr, vielleicht ist er entflohen, vielleicht aber auch...

Beim nächsten Halt sieht er einen Hilfspolizisten, der lange Jahre bei ihm in der Fabrik arbeitete. Er ruft ihn mit Namen an, der Posten kommt mißtrauisch näher. "Du kennst mich doch, ich bin dein alter Chef - war ich jemals ungut zu dir, half ich dir nicht oft?"

"Das tatest du!" sagt der Hilfspolizist, sieht sich scheu um.

"Nun höre mal... Hier hast du meine goldene Uhr, ich will nur eines dafür von dir: Du sollst mir sagen, was mit meinem Sohne ist! Du kennst ihn doch, hast ja mit ihm gearbeitet..."

Der Pole windet sich, schielt auf die Uhr, sagt endlich leise: "Er ist tot..."

Der alte Rausch zuckt ein wenig zusammen, schweigt eine Weile, sagt dann schließlich, dem Polen seine goldene Uhr hinüberreichend: "Nun mußt du noch etwas dafür geben, nun mußt du mich auch noch totschießen. Nein, ich will mit euch Schweinen nicht mehr leben, wo ihr mir meinen Sohn noch habt erschossen... Komm, nimm doch, zier dich nicht - aber nimm mich gleich mit, dort ist ein schöner Baum..." Und der Pole nimmt die Uhr, aber ihn selbst läßt er nicht heraustreten, sagt statt dessen mit unterdrückter

Stimme: "Ich will dafür noch erkunden, wo dein Sohn liegen blieb..." und tritt zur Seite, geht den Weg zurück...

Als der Zug sich endlich Kutno nähert, stößt er auf zahllose Truppenverbände, die in Eilmärschen zur Verstärkung heranziehen. Aber auch diese frischen Verbände sind keine Truppen im deutschen Sinn mehr, irgendwas hat auch ihren inneren Halt schon gelöst, so daß sie keine volle Kampfkraft mehr besitzen können. Vielleicht bringen sie uns doch nicht mehr durch, denken die Verschleppten in neuer Hoffnung, vielleicht geraten wir noch mitten in eine Schlacht? Über dem Bahnhof von Kutno spielt sich ein Fliegerangriff nach dem anderen ab, doch obwohl sie nicht weit von diesem Bahnhof durch die Stadt marschieren, haben sie nicht ein einziges Mal das Gefühl wirklicher Angst: Es gilt ja nicht uns, denken sie kindlich, sie werden ja uns nicht treffen, unsere deutschen Brüder... An vielen Stellen brennen schon die Häuser, sie stehen gleich schaurigen Fackeln zu beiden Seiten ihres nächtlichen Weges, das berstende Donnern aber klingt ihnen wie Trommeln des Jüngsten Gerichts.

In der Nähe Kutnos werden sie wieder auf ein Gut getrieben, diesmal ist ein alter Kuhstall ihre Tagesunterkunft. Wieder gibt es nichts zu trinken, außer dem Inhalt eines alten Betonbeckens, das sich irgendwoher mit Tropfwasser füllte. In diesem Becken liegt zuunterst uralter Mist, von dem das Wasser auch gelb wie Tee ist, zudem reicht es kaum für die Hälfte zu einem Schluck - wie werden jene trotzdem beneidet, die dieses Mal etwas davon bekommen! Gegen Mittag hat Dr. Raapke von einem Bauern erreicht, daß er dem Zuge eine große Kanne Milch verkauft. Als er die Kanne endlich gegen teure Zlotys anbringt, besteht diese Milch zwar zu zwei Dritteln aus Wasser, aber wenigstens bekommen nun auch die Leerausgegangenen ihren Schluck. Eine Stunde später gelingt dem Pfarrer Dietrich ein großer Schlag, er kann vom Gutshof selber für ein Sündengeld ein Schwein erstehen. In höchster Hast machen sich die Frauen darüber her, es wird geschlachtet, wird abgebrüht, schon kocht es kleingeschnitten in einem großen Kessel. Während der Zeit des Kochens bemächtigt sich der Verschleppten ein förmliches Fieber, wird es noch zur Zeit gar werden, wird man sie nicht gerade kurz vorher zum Aufbruch treiben?

Man treibt sie nicht vorher hinaus, wie man es mit Recht annehmen konnte, man wartet sogar freundlich, bis alles gar ist, aber kaum ist diese erste Suppe seit acht Tagen fertig, als sich die *Junaki* breitbeinig heranschieben. "Eine gute Suppe habt ihr uns gekocht!" sagen sie höhnisch, ziehen ihre Eßgefäße, setzen sich mit breitem Grinsen um den Herd. Fast zweimal füllt sich ein jeder, schlingt es schmatzend in sich hinein - dann werfen sie die Töpfe den Frauen zum Waschen hin, schreien mit grölenden Stimmen das gefürchtete Wort: "Abmarsch..."

Rasch füllen sich die Frauen wenigstens noch alles, was sie an Gefäßen bei sich haben, können den Rest auch noch den Männern in ihren Stall hinübertragen - aber für diese kommt es schon zu spät, nur wenige können noch ihre Konservenbüchsen füllen, zum Essen kommt auf dem Gutshof selbst kaum einer. Als sich der ganze Zug, dadurch ein wenig aufgehalten, nicht so schnell als sonst formiert, geht ein Polizeiwachtmeister auf den Kübel zu, stößt ihn mit seinem Fuße um. "Nun werdet ihr wohl schneller machen!" ruft er dazu, jagt sie mit der Pistole aus dem Stall hinaus.

In dieser Nacht marschieren sie nach Dobrzelin, wo man sie in einer Zuckerfabrik unterbringt, einem riesigen Industriewerk modernster Bauart. Hier haben sie viel unter den sichtlich verhetzten Arbeitern zu leiden, die sie auch wieder in aller Weise mit Frontnachrichten versorgen. Die Meldungen haben immer noch den gleichen Tenor, was schert es diese sturen Analphabeten, daß ein Drittel Polens schon besetzt ist, fast alle aktiven Armen auf regelloser Flucht sind?

In dieser Zuckerfabrik bleiben sie aber nur zwei Stunden, schon kommt in großer Aufregung wieder Befehl zum Weitermarsch. Sie sollen diesen Tag in einem nahen Walde zubringen, was auch den letzten der Fünfhundert mit tiefer Freude erfüllt. Endlich einmal wieder an wirklichem Tageslicht sein, nicht in fürchterlicher Enge auf schmutzigen Planken liegen, nicht von Fliegen bei lebendigem Leibe gefressen werden. "Sicher fürchten die *Junaki* einen Fliegerangriff", sagt Dr. Raapke, "sonst wären sie auch nicht so aufgeregt!"

Aber sie kommen auch nicht einmal bis zum Walde, mitten auf diesem Marsch kommt schon Gegenbefehl. "Im Eilmarsch bis zur Station Zychlin!" heißt es mit einem Male. Im Eilmarsch also, denken die Verschleppten, wie aber nennt man das, was wir bisher leisten mußten? Es war bisher kein Eilmarsch, das erkennen sie im nächsten Augenblick: Von allen Seiten schlägt man solange auf sie ein, bis man die Fünfhundert tatsächlich im Laufschritt hat. Das nimmt mit einem Schlage vielen die Kraft, die es in alter Weise noch manchen Tag ertragen hätten - zu Dutzenden fallen sie auf der Strecke nach Zychlin, hinten schweigt das Schießen auf diesem Wege keinen Augenblick. Das Knallen wirkt auf die Gehetzten wie Peitschenschläge, die sie trotz aller Schwäche immer wieder vorwärtstreiben, vielleicht werden sie auch in Zychlin endlich einwaggoniert, vielleicht sind dort die Qualen endgültig zu Ende? Dies vage Wissen, daß es zu einer Station geht, trägt manchen über die entscheidenden Sekunden hinweg, ohne das wären auf diesem Wegstück Hunderte gefallen...

Auf dem Bahnhof in Zychlin steht tatsächlich ein Güterzug unter Dampf, sogar ein paar D-Zugwagen sind an ihn gehängt. Die Männer werden zu je zweiundsechzig in die Güterwagen gepfercht, die Frauen aber führt man tatsächlich in die D-Zugwagen, so daß sie sich wahrhaftig einmal richtig setzen können. Es sind von hier aus nur mehr hundertfünfundzwanzig Kilometer bis Warschau, in drei

Stunden können sie also am Ziel sein. Endlich setzt sich der Zug auch in Bewegung, aber fast bei jeder Blockstelle hält er lange.

Die Hitze steigt durch dieses viele Stehen in der Sonnenglut zu tropischer Höhe an, die Luft ist in dem kleinen Raume von zweiundsechzig Menschen allzu rasch verbraucht. Und wieder nichts zu trinken, wieder nichts zu essen... Endlich gelingt es Dr. Raapke an einem Streckenwärterhaus, einen am Bahndamm spielenden Jungen heranzurufen. "Bring mir eine Kanne Wasser", sagt er zu ihm, "ich habe so viel Kranke im Wagen..." Lange traut der Junge sich nicht, endlich bringt er eine Flasche Wasser, sagt dazu schüchtern: "Ein Liter - ein Zloty..." Irgend jemand hat eine Art Eierbecher bei sich, mit diesem wird der eine Liter nun in zweiundsechzig winzige Teile aufgeteilt, was Gott sei Dank für jeden einen halben Eierbecher ergibt! Wenn es auch nicht zum Trinken reicht, reicht es doch wenigstens dafür, sich innerlich ein wenig zu kühlen, die geschwollenen Zungen, die zersprungenen Lippen...

Aber auch diese Fahrt ist unversehens zu Ende, man merkt mit jeder Stunde, daß der Kommandant sich keinen Rat mehr weiß. Ist der Zug schon fast mit eingekesselt, versucht er durch dies Hinundher auf irgendeine Weise durchzubrechen? Nach fünfzehn Kilometern Fahrt jagt man sie auf freiem Felde schon wiederum hinaus, treibt man sie abermals im Geschwindschritt nach Leonzyn. Von neuem bleiben wiederum Dutzende am Wege liegen, die aber jetzt des Knallens wegen nicht mehr erschossen, sondern nur noch geräuschlos erschlagen werden. In diesem Städtchen werden sie zum erstenmal nicht in einem Stalle, sondern in einem Feuerwehrhause untergebracht, in dessen großer Remise sie mit wildem Staunen einen mächtigen Hydranten finden.

Es hebt ein Trinken an, wie es keiner geträumt: Ein Stöhnen der Wollust erfüllt den ganzen Raum, einzelne lassen sich förmlich vollaufen, verschlucken sich dabei, fast alle füllen sich zum Schlusse nochmals die Münder, schlucken es zur Kühlung ihrer Schleimhäute jedoch lange nicht hinab. Nach dem Trinken aber kommt ein anderes, kommt das Waschen der geschwollenen Füße - in langen Reihen sitzen sie auf dem steinernen Boden, neben sich irgendein aufgesammeltes Gefäß voll jener kühlen Flut. Langsam werden die Lappen von den geschundenen Füßen gewickelt, bei einzelnen ist das Fleisch schon bis auf die Sohlenknochen abgelaufen, bei fast allen sind die Zehen nur mehr eine eitrige Masse. Wie wohl das kühle Wasser tut, wie unsäglich wohl es tut... Nachdem sich alles die Geschwüre notdürftig gesäubert hat, reißen sie sich aus ihren Hemden die letzten guten Stücke, binden sie sich die armen Füße von neuem sorglich ein... Wenn auch der Hunger nagend ist, so ist doch wenigstens der Durst gelöscht, zudem der tollste Schmerz der Fußwunden gestillt - wenn jetzt vielleicht der Pfarrer in der Stadt...

Aber diesmal gelingt es auch dem Pfarrer nicht, ohne Nahrung müssen sie noch in der gleichen Nacht weiter. Bald hinter Leonzyn fließt die Bzura, eine Weile sucht der Kommandant nach einer Furt, denn die großen Brücken sind von den Truppen längst verstopft. Nach kurzem Suchen findet er auch eine, an der das Wasser nur dreiviertel Meter tief ist, hier treibt man die Fünfhundert im Eilmarsch hindurch. "Wenn wir das vor ein paar Tagen gehabt hätten", sagen viele zueinander, "wir hätten uns wohl alle für einen Augenblick hineingeworfen!"

An dieser Furt sehen die Verschleppten zum ersten Male zerstörte Fuhrparks, auch eine Batterie liegt mit toten Pferden in der Bzura, daneben in weitem Umkreis zahllose bäurische Flüchtlingswagen. Wieder ist die Nacht hell, schauerlich wirken die fahlen Gesichter der Gefallenen, die sie seit einer Stunde immer zahlreicher begleiten... Waren hier denn schon Gefechte? denken sie in neuer Hoffnung. Wohl waren dort schon Gefechte, aber einen Tag zu früh, für sie einen Tag zu früh, dennoch haben sie wieder Glück: Eine

Stunde später liegt die Furt schon unter deutschem Artilleriefeuer, eine Stunde später hätte die Schlacht an der Bzura alle Fünfhundert zermalmt...

Aber obwohl sie jetzt schon Warschau nahe sind, sind sie noch immer nicht in Sicherheit. (Vgl. Anhang, Bilddokument 17.) Alle paar Stunden müssen sie eine neue Richtung wählen. Wäre der Kommandant nicht ein so guter Feldsoldat, hätten sie sich sicher schon irgendwo festgerannt. Zum Glück hat auch das Eilen wieder nachgelassen, die *Junaki* selbst waren es, die gegen das Tempo protestierten, es trotz ihrer wohlgenährten Leiber nicht durchhalten konnten. Einmal rasten sie noch kurz auf dem Gute Lomna, einem Mustergut des Bruders des Staatspräsidenten Moscicki, sehen in dieser Nacht am Horizont auf beiden Seiten Mündungsfeuer. Wieder marschieren sie in scharfen Winkeln, einmal nach rechts, einmal nach links, wieder weicht der Kommandant geschickt aus. Das Maschinengewehrfeuer verstummt allmählich, das Donnern der Geschütze wird mit jedem Kilometer schwächer, nun kann es nicht mehr weit bis Warschau sein. "Hat er uns anscheinend doch durchgebracht!" sagt der alte Rausch resigniert. "Hätte seine Künste besser an der Front gezeigt, als hier bei uns armen Hunden..."

Im Städtchen Blonie verbringen sie den letzten Tag, von dort soll es in einem Marsch nach Warschau gehen - sieht man nicht im Sonnendunst ganz in der Ferne schon seine Türme?

15

Die Bromberger Verschleppten: in Lowitsch endlich erlöst

In der Zuckerfabrik Chodez, einem seit Jahren devastierten Großwerk, ist ein Teil mit übermannshohem Stacheldraht umzäunt. Als die Bromberger in diesen Teil hineingetrieben werden, sehen sie mit Erstaunen, daß ihn schon an zweitausend Verschleppte füllen. Diese Fabrik ist anscheinend ein Sammellager, mit ihnen mag sie viertausend fassen. Aber schon beim Einmarsch erkennen sie, daß nicht alles Volksdeutsche, etwa tausend davon echte Polen sind, zu einem Teile alte Sozialdemokraten, zu einem anderen hoffnungslose Kommunisten, zu einem gewissen Satz auch nur Sträflinge. Dennoch werden sie von ihnen unterschiedslos begrüßt, ein Regen von Speichel übergießt sie von den Seiten, ein Spülicht von Schimpfworten geht auf sie nieder. "Wozu schleppte man euch eigentlich noch hierher?" ruft einer mit einer alles überkreischenden Stimme. "Gleich am Ort hätte man euch ausschlachten sollen - wie man es in Berlin mit eurem Hitler machen wird!"

Man treibt sie in einen engen Raum zwischen die Mauern zweier zerstörter Fabrikhallen, deren Scheiben alle herausgefallen sind, dessen Boden zum Teil mit flüssigem Teer, zum andern Teil mit großen Brocken scharfkantigen Kokses bedeckt ist. Dort dürfen sie sich niedersetzen, Schulter an Schulter, Rücken an Rücken, wie sie es allmählich gewöhnt sind. Zwischen ihnen stolpern Zivilisten mit Armbinden herum, die ihnen unter Flüchen die Gesetze des Lagers vermitteln: "Wer an den Stacheldraht tritt, wird sofort niedergeschossen. Wer den ihm zugewiesenen Platz verläßt, wird ebenfalls niedergeschossen!" "Eine einfache Lagerordnung!" sagt Konsul Wenger bitter. Er ist ein deutscher Konsul, ein alter Hofrat, hat einen Diplomatenpaß - was hilft dem alten Herrn hier das Völkerrecht, er wird wie alle übrigen durchs Land gejagt.

Abends werden plötzlich sämtliche Verschleppten nach ihren Scheinen sortiert. Schon steigen in manchen dunkle Sorgen auf - will man vielleicht die Besitzer irgendeiner Farbe hier gleich erschießen? Aber nachdem diese Sortierung stundenlang dauert, jagt man schließlich alles wieder durcheinander auf die alten Plätze. An irgendeine Ernährung dieser viertausend Menschen hat niemand gedacht, aber wenigstens zu trinken gibt man ihnen vor Nachteinbruch einmal. Die Nacht selbst ist rasch vorbei, obwohl man in den dünnen Hemden grausam friert, aber diesmal haben sie wenigstens frische Luft, statt des heißen Mistes nur spitze Steine unter sich.

Schon in aller Frühe ist Aufbruch, werden die viertausend geschlossen hinaus getrieben. Es geht auf Chodzen zu, einem kleinen Landstädtchen, das voll von Juden ist. Auch von diesen werden sie maßlos beschimpft, andere bieten ihnen aber wieder Käufe an. Eine Weile können sie ungehindert von diesen Juden kaufen, plötzlich jagen die *Strelzi* alle mit viel Geschrei davon - um nach kurzem selbst die jüdischen Waren anzubieten, jetzt allerdings auch zu den doppelten Preisen. Haben sie den Juden alle Waren abgenommen, kauften sie ihnen alles zu eigenen Geschäften ab - was geht es die hungernden Verschleppten an, sie können sich wenigstens etwas zu essen schaffen!

Nach diesem kleinen Aufenthalt marschieren sie bis hinter Kutno in einem durch, nur zuweilen durch einen Fliegerangriff zu kurzer Rast erlöst. Auf einer solchen Rast liegen sie in der Nähe eines Brunnens, hören die Nächstliegenden deutlich seinen gluckernden Wasserstrahl. Alle fast schließen die Augen, dies herrliche Geräusch noch deutlicher zu hören, alle öffnen mit lechzender Gebärde ihre rissigen Lippen.

"Wenn wir uns das bewahren könnten, diese Dankbarkeit für ein Schlückchen Wasser, was kann uns dann im Leben noch geschehen?" sagt Adelt plötzlich in seiner festen Art.

"Haben Sie keine Sorge", sagt Dr. Kohnert skeptisch, "es wird alles wieder vergessen!"

Sie marschieren zehn Stunden, sie marschieren achtzehn Stunden, sie marschieren vierundzwanzig Stunden. Es ist wie beim Thorner Zug auch hier der große Gewaltmarsch, um noch im letzten Augenblick der Umfassung zu entkommen. Noch einmal wachsen die Qualen aller zu unfaßbarer Stärke an, immer wieder lichten sich die vorderen Glieder, rutscht einer nach dem anderen zu den hinteren durch. Mit der fünfzehnten Marschstunde fangen sie an in Mengen zu fallen, hier verläßt auch Dr. Staemmler allmählich die Kraft, obwohl er immer noch helfend von vorn nach hinten läuft, oft von den *Strelzi* trotz aller Abmachungen schwer geschlagen.

"Meine Zunge liegt mir wie ein Stück Holz im Mund!" sagt schließlich auch der unbeugsame Dr. Kohnert. Es ist das einzige Mal, daß er sich so äußert.

"Vor meinen Augen sprühen zuweilen Funken!" setzt der starke Adelt hinzu.

"In meiner Kehle würgt es, als ob ich brechen müßte..." sagt der junge Gersdorff leise.

In der zwanzigsten Marschstunde endet auch ein alter Pfarrer, der bisher alles wie durch ein Wunder überstand. Er sinkt langsam auf die Knie, blickt mit gefalteten Händen in das weite Land, das sich in trauriger Schönheit vor ihm breitet. "Ich will nicht mehr", flüstert er mit weißen Lippen, "nimm mich jetzt zu dir!" Und setzt fast schamhaft hinzu: "Verzeih mir diese Worte, du großer Gott, aber deine Erde ist nicht schön..." Und schließt damit: "Fünfzig Jahre lang diente ich dir... jetzt aber verstehe ich dich nicht mehr... warum schufst du in deiner Güte solche Menschen?" Bei diesem Wort trifft ihn der Kolben, sein weißer Lockenkopf rötet sich jählings, dann packen ihn zwei an den Beinen, zerren ihn in den Graben hinab...

Auf den Straßen herrscht immer noch großer Truppenverkehr, die einen kommen ihnen entgegen, die andern überholen sie mit rasender Fahrt. Da die Straßen längst überfüllt sind, müssen sie meistens daneben auf den Äckern wandern, der Staub des leichten Bodens schwillt dadurch zu Wolkenbergen. Einmal kommen sie ganz dicht an ein paar pflügenden Bauern vorbei, die sie seltsamerweise nicht beschimpfen, sondern ihnen mit traurigen Gesichtern in die Augen blicken. "Das sind Deutsche!" sagt einer unvorsichtig. Schon hat einer der *Strelzi* es gehört, dreht sich augenblicklich um, reißt das Gewehr an die Schulter, schreit mit schriller Stimme: "Was sagt ihr - immer noch Deutsche? Und nicht hier, nicht hier bei euch?" Die Schüsse fallen, der eine Bauer stürzt über seinen Pflug, wild schleifen ihn die erschreckten Pferde übers Feld, der andere bleibt in der Furche liegen, zieht noch ein paarmal zuckend die Beine an, streckt sich auf seiner Scholle langsam aus...

In Kutno herrscht bereits ein wirres Durcheinander. In welchem Gegensatz stehen dazu die Aufschriften, die fast von allen Wänden prahlend in ihre Augen schreien: "Jede Schwelle ist eine Festung!" "Jedes Haus ist eine Burg des Polentums!" "Jedes polnische Kind ist ein Held!" In Wahrheit ist von diesem Heldentum nichts mehr zu sehen, längst ist alles in eine allgemeine Orgie slawischen Sadismus umgeschlagen! An der Ecke eines so geschmückten Hauses springen zwei Verschleppte plötzlich vor einen Lastwagen, auch sie wollen nicht mehr, auch sie ziehen einen raschen Tod einem anscheinend doch endlosen Martyrium vor. Er rollt mit scharfem Brechen über sie hinweg, schleift beide noch ein Stückchen mit, sie sterben wenigstens nicht durch Kolbenschläge...

Nach vierundzwanzigstündigem Marsch erhalten sie die erste wirkliche Rast, auf dem Gut Starawies dürfen sich alle vier Stunden lang in eine Scheune legen. Sie bekommen auch hier nichts zu essen, aber wenigstens alle ausreichend zu trinken. Alles liegt schwer atmend auf dem Boden, viele werden von Herzkrämpfen überfallen, ganze Reihen sterben hier vor Erschöpfung, löschen einfach wie müde Kerzenflämmchen aus. Sprach dieser nicht soeben noch mit seinem Nachbarn - jetzt streckt er sich mit einem Male seufzend, während seine Augen sich mit milchigem Schleier überziehen...

Als es um vier Uhr nachmittags wieder weitergeht, ist der ganze Scheunenboden von schwarzen Klumpen gesprenkelt, aber die *Strelzi* treten erst noch vor diese Klumpen hin, stechen sicherheitshalber noch in jeden hinein... Die Gutsknechte bekommen den Befehl, die Toten noch in gleicher Stunde zu verscharren. Einen werfen sie anscheinend noch lebend in die Grube, da sich die Erde noch lange über ihm bewegt, einem schlitzen sie wie bei einer Schlachtung den Bauch auf, reißen ihm die Därme heraus, stopfen ihm statt dessen einen toten Hund hinein.

Noch einmal müssen die Verschleppten ohne rechte Rast achtzehn Stunden marschieren, jetzt lichten sich die Glieder in noch stärkerem Maße, immer wieder müssen sich die Reihen neu zusammenschließen. "Soeben brach der Pole zusammen", sagt Dr. Staemmler flüsternd, als er wieder einmal nach vorne kommt. "Ihr erinnert Euch doch an ihn, er stand in irgendeiner Stadt an der Straße, mißbilligte als einziger die Mißhandlungen des Pöbels, da stießen sie ihn einfach in unsere Reihen. 'Ich bin doch Pole!' schrie er immer wieder. 'Wenn du für die Deutschen eintrittst, bist du nicht besser als sie!' antwortete man ihm tobend. Es half ihm kein Beteuern, so mußte er bis heute mit - soeben hat er geendet, unter einem Kolbenschlag wie wir..."

Den Übergang über die Bzura macht dieser Zug seltsamerweise noch auf einer Brücke, wohl weil er diesen Fluß wesentlich südlicher überquert. Als die Spitze mitten auf dieser Brücke geht, springt einer plötzlich aus dem ersten Glied hinab, die über sieben Meter hohe Brücke ins Wasser hinab. Eine ganze Reihe schießt sofort auf ihn, keiner von ihnen trifft wirklich - übrigens wollte er gar nicht flüchten, will er gar nichts anderes als trinken. So schließt er sich am Ende ruhig wieder an, der siebzigjährige Bauer Koerber, nachdem er sich aus seinem Hute stattgetrunken hat.

Werden sie noch durchkommen, wird der Kommandant noch herausfinden? ist allmählich der einzige Gedanke, das einzige Sinnen der Dreitausend. Dem Kommandanten selber ist nichts anzumerken, wie immer fährt er mit seinem Rad am Zuge entlang. Nur hat er sich seit gestern etwas Neues angewöhnt, dessen Furchtbarkeit die Gefangenen erst spät erkennen. Immer häufiger fährt er an einen des Zuges heran, legt ihm plötzlich freundlich den Arm um die Schulter, beginnt sich freundlich mit ihm zu unterhalten. "Nun, geht es noch?" sagt er lächelnd.

"Oh, danke, Herr Kommandant, es geht schon noch!" Der Gefangene ist innerlich starr, sollten doch schon die Deutschen...?

Der Kommandant legt den Arm immer fester um seinen Nacken, beginnt gleichzeitig langsamer zu fahren - es bleibt dem so Umhaltenen nichts übrig, als immer mehr von seinem Glied zurückzubleiben, den Zug auf diese Weise allmählich an sich vorbeizulassen. "Haben Sie auch Kinder?" fragt der Hauptmann weiter.

"Zwei Kinder, Herr Kommandant, zwei Buben..."

"Da freuen Sie sich wohl schon, wie, bis Sie die wiedersehen?" fragt er lächelnd.

"Ob ich mich freue!" sagt der Deutsche treuherzig. Er fühlt den Arm des Kommandanten immer schwerer auf seinem Halse - was soll das nur - denkt er in immer größerer Verwunderung.

Damit sind sie jedoch am Ende des Zuges angelangt, mit jähem Ruck reißt der Kommandant seinen Arm zurück, ruft plötzlich durch die dünnen Lippen der Schlußeskorte zu: "Hinweg mit dem..."

Es braucht nicht mehr, ihn augenblicklich zu verstehen. "Oh", schreit der Deutsche noch, dann fällt er schon...

Der Kommandant jedoch radelt wieder nach vorn, geht mit den schmalen Augen eines Iltis die Reihen durch, legt schließlich wieder seinen Arm um einen Hals, sagt mit einem Klange warmer Herzlichkeit: "Nun, geht's noch?"

Und fährt langsamer...

Erst nach vier Stunden haben die Verschleppten diese neu ausgeklügelte Methode durchschaut, von dieser Erkenntnis an folgt jeder seinem Rad mit starren Augen. "Will er zu mir... um Gottes willen... sieht er mich nicht an?" Viele beginnen schon zu zittern, wenn sie ihn nur von weitem erblicken.

"Alle Brillen wegtun!" wird leise durchgegeben. "Er sucht sich anscheinend lauter Brillenträger aus, will auf diese Weise noch rasch unsere ganze Intelligenz vernichten", flüstern sie untereinander, "denn in Polen zählt bekanntlich schon zur Intelligenz, wer nur irgendeine Brille auf der Nase hat!"

Als sie schon Lowitsch vor sich sehen, hören sie das erste Maschinengewehrfeuer, die Artillerie umdonnert sie schon seit Stunden, an ihr Heulen haben sie sich längst gewöhnt. Die Eile des Marsches wird immer unerträglicher, schon beginnt selbst Dr. Staemmler taumelig zu gehen, allmählich fangen auch einige der Stärksten zu phantasieren an. Da ruft der mutige Adelt plötzlich mit lauter Stimme _"czolo stac"_ - im nächsten Augenblick liegt alles im Staub des Ackers. Es ist das polnische Kommando für "Spitze halt" - keiner bemerkt im allgemeinen Durcheinander, daß dieser Befehl aus einem deutschen Munde kam. Bis es sich aufgeklärt hat, haben sie ein paar Minuten liegen dürfen, diese Minuten aber genügten schon wieder, um manchen vor dem Zusammenbrechen zu bewahren.

Eine Stunde später erreichen sie die Stadt Lowitsch, machen in der Nähe der Kasernen halt, während die Granaten rings berstend in die Häuser fahren. Der Kommandant verschwindet zur Erkundung, die meisten Posten schließen sich ihm an. Sie liegen eine halbe Stunde lang mitten im Feuer, bis plötzlich ein paar Polizisten sie weiterjagen. "Der Kommandant ist nicht mehr dabei!" geht es wispernd durch die Reihen. "Sollten wir doch umzingelt sein, sollte er schon das Weite gesucht haben...?"

Die Polizisten führen sie zu einem Wäldchen hinaus, dort aber stürzt alle Hoffnung wieder hinab: An diesem Wäldchen stehen ganze Haufen von _Strelzi,_ alle Gewehre in den Händen - warten sie dort auf sie zum letzten Massaker? "Hinauf auf diesen Berg!" schreien die Polizisten. Bei diesem Befehl kommt über alle eine irrsinnige Erregung, sie fühlen plötzlich, beim Lauf auf diesen Berg werden die _Strelzi_ alles niederschießen! Es ist genau ihr Schußfeld, deswegen stehen sie dort bereit...

"Wir gehen nicht weiter!" schreien plötzlich tausend Stimmen.

"Wir müssen versuchen, noch zu verhandeln..." stößt Dr. Staemmler aus.

"Genau das will ich", sagt Dr. Kohnert ruhig. "Kommen Sie nur mit", setzt er hinzu, geht zum nächsten Polizisten. Als dieser sie jedoch auf sie zukommen sieht, fängt er mit dem Gewehr zu fuchteln an. "Um Gottes willen", schreit Dr. Staemmler, "der erschießt uns..." Mit diesen Worten springt er die letzten Schritte auf ihn zu, will ihm nur das Gewehr zur Seite schlagen, da zieht der Pole schon den Drücker durch - aus nächster Nähe durch und durch geschossen, fällt Dr. Staemmler auf den Rücken, ist mit dem nächsten Atemzug schon tot. Der Polizist blickt nur noch kurz auf ihn hinab, flieht dann mit weiten Sprüngen zu den *Strelzi*.

In diesem Augenblick erscheint am Wald ein Tank, fährt geradewegs mit dumpfem Donnern auf sie zu. Da wendet Dr. Kohnert sich zum Pastor Krusche, dem Führer des zweiten Zuges, sagt mit einem verkrampften Lächeln in der Stimme: "Jetzt kommen Sie nur, Herr Pastor, jetzt kommt der letzte Gang! Da ist es immer gut, wenn man gleich einen Pfarrer bei sich hat!"

Aber er gibt die Hoffnung innerlich noch nicht auf, sicher will dieser Tank sie jetzt zermalmen, doch vielleicht kann man trotzdem durch schnelles Verhandeln... Damit zieht er das letzte Taschentuch heraus, schwingt es weit sichtbar überm Kopf, geht ruhigen Schrittes dem Tank entgegen, während der ganze Zug ihm brodelnd nachdrängt.

Aber er hat kaum ein Dutzend Schritte gemacht, als es ihm jählings die Brust zersprengen will - dieser Tank hat ja ein weißes Kreuz, dieser Tank ist ja ein deutscher Panzer! Er irrt sich nicht, auf seiner Stirn steht deutsch, steht voller Stolz "Ziethen" - jetzt hält er auch schon, öffnet sich der Turm, springt ein junger Offizier heraus...

Im nächsten Augenblick erkennt ihn auch der Zug, hunderte stürzen sich plötzlich in die Arme, küssen sich weinend die blutbesudelten Gesichter...

Eine Stunde später liegen sie alle im inzwischen eroberten Lowitsch, von hundert sorgenden Feldsoldaten mit allem Möglichen beschenkt. Die Achtzigjährigen werden auf sauberes Stroh gebettet, unter ihnen liegt auch der bekannte Dr. Busse, einer der berühmtesten Viehzüchter Europas. Sein weißer Greisenkopf ist voller schwärzlich blutunterlaufener Stellen, während aus seinen aufgeschlagenen Lippen helles Blut sickert. Neben ihm liegt ein zweiundachtzigjähriger Gärtnereibesitzer aus Schönsee, aber beide werden trotzdem am Leben bleiben, beide werden in wenigen Tagen wieder in der Heimat sein.

Nur einer wird sie nicht wieder erblicken, er liegt für immer stumm in einer kleinen Kammer. Und dieser eine ist der treue Arzt, der den ganzen Weg des Zuges wohl dreimal machte, der Hunderten mit seinen Medikamenten das Leben rettete - Dr. Staemmler - nach wundersamem Überstehen von tausend Toden, im letzten Augenblicke noch gefallen, im Angesicht des ersten deutschen Panzers...

16

Die Thorner Verschleppten: durch die Hölle von Warschau in die Freiheit

Am gleichen Morgen ist der Thorner Zug von Blonie aufgebrochen, um nun in einem letzten Marsche bis nach Warschau zu gelangen. Sein ursprüngliches Ziel war die Festung Modlin, hier gerieten sie jedoch schon zwischen zwei Fronten, so bogen sie in wilder Hast nach Norden aus, während die Granaten ihre heulenden Bogen über sie zogen. Um zwei Uhr tauchten im Dunst des Mittags Warschaus Türme auf, um vier Uhr landeten sie im Park des Klosters Ojzow Marianny.

Unter den Bäumen gibt es eine letzte kurze Rast, dann biegen sie in die erste Vorstadtstraße ein, marschieren zur nördlichsten Brücke in Praga. Als sie sich der Vorstadt Praga jedoch nähern, erkennt der Kommandant gerade noch rechtzeitig, daß man in seinen Straßen schon heftig kämpft, deutlich hallt das Bellen der Panzerkanonen herüber. Durch schon zerstörte Straßenzüge geht es nochmals zurück, schließlich erreichen sie das eigentliche Warschau im Judenviertel Nalewki. Hier sind die Straßen schwarz vor Kaftanjuden, die auch sehr bald erkennen, daß es sich um einen Zug Verschleppter handelt. Alsbald schlagen sie wütend mit ihren Regenschirmen auf sie ein, speien sie wie in ihren rituellen Gebeten voller Abscheu an, dennoch wirkt ihr Gebaren auf diese Leidgewohnten fast komisch. "Da haben wir andere Sachen hinter uns!" meint der alte Rausch.

Er macht den heutigen Marsch neben einem Manne, der nicht weniger alt als er sein kann, aber gleich ihm auffällig rüstig fürbaß schreitet. "Ich habe in Thorn einen Mann gut gekannt", sagt der Alte, "der das gleiche schon mal in Sibirien durchmachte. Er soll auch in diesem Zuge sein, ob der's wohl durchhielt?"

"Wer ist das?" fragt ihn Rausch.

"Der alte Rausch", sagt der Fremde.

"Aber das bin ja ich!" ruft der Sibirier. "Und wer sind Sie?" setzt er hinzu.

"Ich bin Bruck!" sagt der Alte. "Aber du bist der Rausch?" wiederholt er dann staunend. "Und da laufen wir nebeneinander her - erkennen uns nicht einmal - wo wir eigentlich die besten Freunde sind?"

"Du bist der Bruck?" Rausch schüttelt nur den Kopf, kann es auch nicht recht glauben. "Das ist ein gutes Beispiel", sagt er nach einer Weile, "so sehen wir armen Hunde also aus, daß sich die besten Freunde nicht erkennen!" Er räuspert sich, fährt dann fort: "Aber daß wir uns gerade jetzt noch fanden, das ist zu allem hin 'ne schöne Sache - denn ich werde das verdammte Gefühl nicht los, als ob uns zum Schluß noch was Besonderes erwarte! Aber zusammen, meinst du nicht auch, zusammen schaffen wir auch das..."

Er hat nicht falsch gedacht, eine Weile geht es noch durch die Juden, ihre kreischenden Belästigungen beachten sie aber kaum, einzelne lachen sogar innerlich über ihr Gehaben. Die Nacktfüßigen genießen vor allen Dingen erst einmal den Asphalt, den sie seit kurzem unter ihren müden Beinen spüren. Mein Gott im Himmel, wie gut der ihren Wunden tut, kein mahlender Staub mehr, sondern eine wunderbar glatte Masse, die sich wie eine kühlende Kompresse an die Sohlen legt. Sie schreiten trotz ihrer völligen Erschöpfung mit einem Male neubelebt dahin, nach dieser seltsamen Erfrischung werden sie auch den letzten Sturm heil überstehen. Das Judenviertel ist zu Ende, die ersten Barrikaden zeigen sich, damit beginnt das letzte Kapitel...

* * *

Auf den Barrikaden, von allen möglichen Fahrzeugen gebildet, teilweise aus umgestürzten Straßenbahnwagen, oft auch nur aus riesigen Kisten aufgestapelt, stehen nicht nur polnische Soldaten, steht auch in dichten Knäueln Zivilbevölkerung. Schon als der Zug den ersten Durchlaß passiert, den man in der Mitte der Barrikaden zur Passage freiließ, erhebt sich bei seiner Besatzung ein ohrenbetäubendes Geschrei.

Im gleichen Augenblick prasselt es schon von allen Seiten auf sie nieder, fliegen in dichtem Wirbel Steine auf sie herab, werden sie von tausend scharfkantigen Holzstücken überschüttet. An den Durchlässen hat sich unglaublich rasch eine Spießrutengasse gebildet, aus der man mit irgendwelchen aus den Barrikaden herausgegriffenen Brettern auf sie einschlägt. Die gefährlichsten Schläge von allen sind dabei jene, die von den auf den Barrikaden Stehenden auf ihre Köpfe geführt werden.

"Gib deinen Arm, Bruck!" ruft Rausch hastig. "Eingehängt geht es besser, stützt einer den anderen! Um den anderen Elbogen die Jacke gewickelt, den Arm damit über den Kopf gehalten..." Die beiden Alten können sich gerade noch ein wenig herrichten, dann schwemmt es auch sie schon durch den engen Durchlaß. Ein vor ihnen gehender jüngerer Mann erhält von einem Soldaten einen Schlag mit dem Kochgeschirr ins Gesicht, daß ihm das Blut in breitem Strom über die Brust läuft, aber auch ihn hält ein Kamerad über den Moment des Zusammenbrechens auf den Beinen. Die beiden Alten kommen an dieser Barrikade ziemlich heil vorbei, erst an der dritten, mitten in der Stadt, erst in dem Augenblick, als sie schon die offenen Gefängnistore sehen, erhält der alte Bruck einen Schlag über den Kopf.

"Auf, Mensch, auf!" ruft der Sibirier. "Wir sind am Ziel, nur jetzt noch halt dich, nur zwanzig Schritte noch..." Schon wollen dem Alten die Knie sinken, als dieser Ruf in seine Ohren stößt, er gleichzeitig den Arm des Kameraden fühlt, der ihn mit letzten Kräften weiterschleift...

"Laufschritt!" schreit jemand schrill. Da beginnen sie sogar noch einmal zu laufen, laufen die letzten Fünfhundert keuchend dem Tore zu, werfen sie ihre müden Beine noch einmal angstgepeitscht über den Asphalt - eine ganze Anzahl aber ist zu diesem letzten Laufe nicht mehr fähig, sie bricht trotz aller Hilfe der Kameraden noch hier unter den Schlägen zusammen, ihnen verlöscht noch angesichts des rettenden Gefängnistores das letzte Fünkchen Leben.

Im Gefängnishofe der Dzielna sinkt erst mal alles auf die Erde, wischt sich das Blut von den zerschlagenen Gesichtern, sucht durch ruhiges Atmen allmählich wieder Luft zu bekommen. "Hier ist jedenfalls das Ende unseres Marschierens!" sagt der alte Rausch schwer atmend. "Heraus bringen sie uns hier nicht mehr, denn anscheinend ist Warschau schon völlig umzingelt..."

Dieses Gefühl haben auch die meisten anderen, so hebt sich ihre Stimmung verwunderlich rasch. Nur nicht mehr marschieren müssen, alles andere ist hundertmal leichter zu ertragen! Mögen sie ihnen nichts zu essen geben, mögen sie alle in Dunkelzellen stecken, nur nicht mehr laufen müssen mit den offenen Füßen... Nach einer Weile werden sie zu je zehn Mann abgezählt, werden alle in Gruppen ins Frauengefängnis gebracht. Die Zellen sind zwar nur jeweils für drei berechnet, aber sie haben deswegen nicht weniger Platz als bisher. Und als es abends sogar ein richtiges Essen gibt, einen Liter Suppe für jeden Mann, in der anscheinend Fleisch gekocht war, man sie schließlich sogar zum Waschen hinausführt, scheint ihnen die Nacht die beste seit ihrem Auszug.

Am nächsten Morgen holt man sie wiederum heraus, führt man sie wahrhaftig unter eine Brause. Zum ersten Male seit Wochen dürfen sie die Kleider vom Leibe tun, solch ein Glück kann jemand nur ermessen, der in seinem Leben schon einmal eine gleiche Lust empfand! Mancher zieht hier zum ersten Male auch seine Schuhe aus, denn durch die plötzlichen Aufbrüche wagte es niemand, sie auf den Marschpausen einmal herunter zu tun, nachdem viele sie im Anfang durch die überstürzten Abmärsche im Dunkeln oft nicht wiederfanden. So kehren sie denn zum ersten Male gesäubert in ihre Zellen zurück, sogar die Wäsche hat man ihnen zum Waschen abgenommen, auch diese erhalten sie zu aller Überraschung nach zwei Tagen sauber zurück.

Die alten Marschkameraden haben sich schon bei der Einteilung geschickt zusammengestellt, so sitzen sie auch jetzt wieder in einer Zelle beisammen. Dr. Raapke besitzt sogar noch ein paar Zigaretten, aber leider nur mehr eine winzige Anzahl Streichhölzer. Als sich aber eine Stecknadel findet, weiß ein alter Häftling sofort Rat: Er teilt damit jedes Streichholz in vier Teile, so sind sie auch hiermit für manchen Tag versorgt. Dieser alte volksdeutsche Vorkämpfer ist es auch, der ihnen an den langen Tagen von anderen Gefängnissen erzählt, in denen er mit Unterbrechung immer wieder längere Zeit zubrachte.

"Wir können froh sein, daß wir hierher kamen", sagt er einmal. "Denn wenn wir nach Bereza-Kartuska gekommen wären, in das berüchtigte polnische Konzentrationslager, dort gibt es noch Strafen wie bei uns im Mittelalter... Wenn einer zum Beispiel Dunkelarrest kriegt, so wird seine unterirdische Zelle einen Fuß hoch mit Wasser gefüllt, so daß er sich tagelang nicht hinlegen kann... Hat sich einer gegen einen Vorgesetzten vergangen, bindet man ihm Arme wie Beine so im Winkel zusammen, daß man durch Kniekehlen wie Elbogen einen Besenstiel schieben kann, dieser wird dann auf ein hohes Gestell getan, daß er daran mit dem Kopf nach unten umgekippt hängt. Nun bindet man ihm den Mund zu, läßt durch einen Schlauch so lange Wasser in seine Nase, bis er vor Schmerzen ohnmächtig wird, worauf man ihn auf die erhobenen Fußsohlen schlägt, bis er vor Schmerzen wieder zu sich kommt, alsdann beginnt die Prozedur von neuem... Bei den Verhören haben sie einen Elektrisierapparat, einen seiner Pole halten sie dem Häftling an die Nase, den anderen aber ans Kinn, dann schicken sie schwere Stromstöße durch den Apparat, so daß es ihm jedesmal die Kiefer mit Urgewalt aufeinanderschlägt, viele haben sich dabei schon die Zuge abgebissen..."

Die Internierten schütteln sich, manchem läuft es kalt über den Rücken. "Eine wahre Kulturnation!" sagt Dr. Raapke schließlich. "Dabei weiß ich genau, daß viele von uns dort waren, auch jetzt sicher Hunderte dort sind, denen es nicht anders ergehen wird..."

Der alte Rausch springt erregt auf, stößt dann in seiner überstürzten Weise aus: "Wer will nach diesem Geschehen den Deutschen der Grenzprovinzen noch zumuten, jemals wieder mit den Polen in enger Nachbarschaft zu leben? Ist dort nicht jeder Pole mindestens der Verwandte eines jener Mörder, denen in jedem Fall ein Glied unserer Familien zum Opfer fiel? Und waren nicht zum mindesten alle geistig daran beteiligt, wenn auch vielleicht nicht gerade mit eigenen Händen?"

"Sie haben völlig recht!" sagt Dr. Raapke entschieden. "Das kann niemand uns Deutschen jemals wieder zumuten, das müssen nicht nur unsere eigenen Leute, das müßten sogar die anderen Völker

einsehen! Mit dem Bromberger Blutsonntag, mit den Hunger-
märschen, mit Bereza-Kartuska - mit diesen dreien hat Polen das
Tischtuch zerschnitten, hat es selbst jedes nachbarliche Zusammen-
leben unmöglich gemacht..."

"Werden wir denn überhaupt siegen?" fragt ein alter Mann kle-
ingläubig.

Da lächelt Dr. Raapke nur, sagt mit ruhiger Sicherheit: "Wer soll
denn siegen? Die Polen vielleicht? Aber eine Nation, die das tun
konnte, was man uns allen angetan, kann niemals ehrlich siegen,
das dürfen Sie mir glauben... Im übrigen siegen wir noch aus ganz
anderen Gründen, sie liegen jenseits alles militärischen Potentials,
jenseits aller Strategie, aller Blockadetheorien: Es gibt nur ein Gesetz,
das lückenlos gilt, sich immer bewahrheitet, das ist das biologische!
England ist alt, Frankreich ist alt, Rußland ist jung, Deutschland
ist jung - es siegen aber auf die Dauer immer die jungen Nationen,
die revolutionären Völker! Wir sind der revolutionäre Teil der Welt,
er wird in jedem Falle siegen, weil er damit nur das Naturgesetz
erfüllt - Polen hat sich unklugerweise der alten Hälfte der Welt
angeschlossen, aus diesem Grunde wird es vernichtet werden, denn
Feudalstaaten müssen sozialistischen immer unterliegen! Dieser
Kampf ist ja auch kein Kampf um Macht im früheren Sinne, ist viel
eher ein Kampf der armen Nationen gegen die reichen, ist als Aufstand der Völker dasselbe für die Welt, was die sozialen Revolutionen
der Stände für die Einzelvölker waren, ist wie ihr Ringen um die
gerechtere Verteilung der Güter innerhalb ihrer völkischen Grenzen,
der Kampf um die Neuordnung der Besitzverhältnisse des ganzen
Erdballs! 1918 siegten noch einmal die reaktionären, die saturierten
Besitzenden, auf die Dauer siegen immer die revolutionären, mögen
sie es nun im geistigen wie materiellen Sinne sein - so ist dieser
zweite Weltkrieg auch im Grunde gar kein Krieg, sondern in viel
entscheidenderem Maße eine große Revolution!"

Sie schwiegen alle lang, endlich sagte jemand leise: "Sie haben völlig recht mit Ihrer These, erfüllte sie sich nicht, verlöre die Weltgeschichte ihren Sinn!"

Nachdem die ersten Tage schnell vorübergingen, beginnen sich die nächsten schleppend hinzuziehen. Zuweilen erhalten sie durch einen Kalfaktor auch Frontnachrichten, aber diese sind meist so widerspruchsvoll, daß man ihren wahren Kern nur durch geschickte Auslegungen herausschälen kann. Zu ihrem Glück bleibt das Artilleriefeuer auch weiterhin dauernd hörbar, so wissen sie wenigstens, daß die deutschen Truppen immer noch ihre alten Stellungen haben. Ganz in der Nähe des Gefängnisses steht eine schwere polnische Flakbatterie, sie wird fast jede Stunde einmal alarmiert, daraus schließen sie wieder freudig auf ununterbrochene Fliegerangriffe. Diese Batterie hat allerdings gleichzeitig den Nachteil für sie, daß auch die deutsche Artillerie fleißig nach ihrem Mündungsfeuer sucht, so schlägt denn alle Augenblick eine schwere Fünfzehnergranate in ihrer Nähe ein.

Die Frauen haben es in der Dzielna im Anfang weniger gut als die Männer, aber auch sie dürfen gleich nach dem Einzug an eine große Wäsche gehen. Als erstes macht sich die gütige Frau, deren Kleidung gerade noch die Diakonissin verrät, wieder an ihre oft getane Arbeit, die wundgelaufenen Füße zu verbinden. Vor allem ist es die Tochter eines Schlossermeisters, die mit ihren Füßen fast am Ende ist, die ganzen Sohlen sind voller wässeriger Blasen. Die Diakonissin wäscht sie sorglich ab, allmählich tauchen die Zehen wieder aus dem Schmutz.

"Aber was ist denn das", fragt sie plötzlich erschrocken, starrt verwundert auf die Zehennägel, die ein giftiges Rot zeigen, "vielleicht eine Blutvergiftung?"

Aber das Mädchen errötet jählings, sagt schließlich mit verräterischer Eile: "Oh, nichts, nein..."

In diesem Augenblick kommt gerade Trudchen vorbei, das aber alle das "Sonnenscheinchen" nennen, ein stadtbekanntes Mädchen leichter Art, das man gleichfalls in den Zug steckte, das aber bei allen aufrichtig beliebt wurde, da es keinen Augenblick den Mut verlor. "Soll ich dir noch etwas Lack zum Nachfärben geben?" lacht sie nur. "Ich hab mein Fläschchen trotz allem noch bei mir..." Ob dieses Mädchen sich in seinem Leben, denkt lächelnd eine ganze Reihe, wohl einmal noch die Zehennägel färbt?

Am nächsten Tage kommandiert man jedoch schon alle in die Waschküche, um ungeheuere Mengen von Sträflingswäsche sauber zu machen. Hier müssen sie nun täglich zwölf Stunden im Dampfe stehen, in der Wäsche kriechen teilweise schon Würmer herum, andere kommt wieder aus den Lazaretten, sie ist oftmals ganz steif von altem Blut. Aber auch diese Arbeit hat ihre kleinen Freuden, finden sie nicht zuweilen ein Hemd von einem Kriegsgefangenen, in dem auf sauberem Bändchen geschrieben ist: Schütze Meier...? Nach einer Woche hört jedoch auch diese Arbeit auf, da die Wasserleitung plötzlich den Dienst versagt. In der gleichen Nacht hören sie auf der Straße wildes Geschrei, das trotz mancher Pistolenschüsse nicht mehr zur Ruhe kommt. Am anderen Tage erzählt ihnen ein Kalfaktor, daß es bereits zu Hungerrevolten gekommen sei, da es in ganz Warschau schon kein Brot mehr gäbe.

In diesen Tagen wird das Essen in schnellem Maße schlechter, als erstes bleibt die Suppe aus, dann fallen auch die Kartoffel fort, schließlich gibt es nur mehr eine Art Bohnentee, eine schwach gefärbte Flüssigkeit mit ein paar darin herumschwimmenden Bohnen. Um diese Zeit sterben auch noch ein paar ältere Leute, sie werden von der Nahrungsverschlechterung gleichsam sofort umgeworfen, einer davon geht an jäh ausbrechender Ruhr zugrunde. Es runden sich allmählich vierzehn Tage, die sie hier verbringen, zu Anfang ging es ja noch, auf diese Weise aber hält es niemand lange aus. Wieder beginnt der Hunger, beginnt auch wiederum der Durst - es kommt keinerlei Nahrung mehr herein, die Wasserleitungen bleiben zerschollen...

Sie wollen schon allmählich alle Hoffnung fahren lassen, als plötzlich ringsum ein ungeheures Bombardement beginnt. "Das ist der Schlußakkord!" schreit Rausch begeistert. "Nun müssen wir nur noch den überstehen, dann ist auch Warschau in deutscher Hand!"

Er hat richtig kombiniert, der alte sibirische Gefangene. Zwei Tage lang donnert es um sie her, als ob die Erde sich berstend neugebären wolle, fast alle Scheiben platzen an den Fenstern, die schweren Mauern geraten in immer härtere Schwingungen. Zuweilen schlägt auch eine Granate im Gefängnis ein, wiederum wird jedoch gerade der Trakt, in dem die ganzen Volksdeutschen sitzen, von keiner einzigen der tausend Einschläge ernsthaft getroffen. Allmählich singen alle Trommelfelle so, daß niemand mehr ein Wort versteht, ein paar beginnen wieder irre zu werden, einer von ihnen beginnt zu predigen: "Ich bin der Herr dein Gott, ich werde euch erretten, so steht es geschrieben..."

Mit einem Male verstummt das ungeheure Bombardement, wird es nach einem letzten Höllenwirbel wieder totenstill. "Jetzt sind sie niedergekämpft, jetzt zeigen sie die weiße Fahne!" denken die Gefangenen. Eine brennende Spannung ergreift alle, was wird die nächste Stunde bringen? Aber ein paar Stunden lang geschieht noch nichts, am späten Abend erst öffnet sich plötzlich die Zellentür, auf der Schwelle steht mit weißem Gesicht ein Oberst. "Sie sind frei", sagt er nur, "Sie können gehen..."

Wer könnte wohl beschreiben, was auf dieses Wort geschah? Aber Dr. Raapke mahnt bald zu Vernunft, rät den Übereifrigen, doch besser bis zum Morgen zu bleiben. So liegen sie noch eine Nacht in den Zellen, werden am anderen Morgen auch ordnungsgemäß entlassen. Der Pfarrer Dietrich begibt sich derweil auf die

Kommandantur, kommt auch endlich gegen Mittag mit einem Major zurück, der den Zug durch die polnische Frontlinie bringen soll. So marschieren sie denn endlich ab, durch das zerschossene Warschau hindurch. Alle Straßen liegen voller Schutthaufen, manche Häuser sind förmlich wie von innen ausgeblasen, bei ihnen stehen nur noch die Umfassungsmauern. Zuweilen sehen sie halb aufgefressene Pferdekadaver, darüber heruntergerissene Straßenbahnleitungen, an den alten Batteriestellungen liegen Haufen von Gefallenen. Gegen vier Uhr nachmittags nähern sie sich der Front bei Mokotow, in der Nähe liegen Dutzende ausgebrannter Tanks, dazwischen reihenweise die Bespannungen von Batterien. Mitten auf dem Schlachtfeld müssen sie warten, während der Pfarrer Dietrich mit dem Major zur deutschen Front vorgeht.

Es vergeht eine Stunde, es vergehen drei, allmählich wird es Nacht. Die Verschleppten drängen sich wie eine Schafherde zusammen, in ihrer Mitte hocken sich die Frauen nieder, die Nacht beginnt für ihre dünnen Hemden eisig zu werden. In stiller Klarheit geht der Mond auf, in seinem Scheine ziehen hunderte polnischer Flüchtlinge zurück, die man an der Front anscheinend nicht durchließ. Da sie auf einem kleinen Hügel liegen, können sie weit ins polnische Land blicken: Es zieht sich in seiner traurigen Schönheit bis zum nächsten Horizont, zuweilen nur ragt auf der weiten Ebene eine fahlweiße Birke auf. In der Ferne legt sich leiser Nebel über ein Dorf, seine ärmlichen Holzkaten sitzen am Boden, als duckten sie sich ängstlich in den Schoß der Erde - über die Schauenden aber wie über dies Dorf spannt sich der gleiche nächtliche Himmel, still rudert der gelbe Mond durch seine endlosen Räume, wie silberne Tränen hängen in ihm mit leisem Glitzern die Sterne.

Um Mitternacht endlich kommt der Pfarrer zurück, alles ist vorbereitet, nun können sie auch den letzten Weg beginnen. Das Schlachtfeld wird mit jeden hundert Metern furchtbarer, zu

Dutzenden liegen die weißen Pferdekadaver umher, dazwischen mit gähnenden Mäulern umgestürzte Kanonen, zum Teil auf diesen wieder Protzenwagen, die ihre Granaten weit umher verstreuten. Von den Häusern ringsum stehen nur mehr die Schornsteinstümpfe, auf den Höfen liegen zahllose verbrannte Lastwagen, dazu ist alles von einem solch schauerlichen Leichengeruch erfüllt, daß viele Frauen ob dieser grausigen Zerstörung leise vor sich hinstöhnen.

"Woina na woina!" sagt der führende Major, zuckt müde die Achseln. "C'est la guerre!" würde der Franzose sagen - "Das ist der Krieg!" sagen wir Deutsche. Ja, das war er, genau so war er wohl, wie sie ihn hier schaudernd sahen, bei ihrem letzten Nachtmarsch in die Freiheit... Aber dieser Anblick erfüllt sie nicht nur mit Grauen, er verkündet ihnen auch den überwältigenden Sieg, den deutschen Sieg über Polen in einem Ausmaß, wie sie es nicht einmal in ihren Träumen zu hoffen wagten.

Endlich sieht die Spitze vor einem Dorf einen Soldatentrupp, ist das nicht eine Truppe deutscher Offiziere? Da sprengt es jählings alle Ordnung, zerspringen alle Glieder in hundert Stücke, beginnt der ganze Zug mit einem Mal zu laufen...

Dann stehen die ersten vor ihnen, schauen sie mit starren Augen an: Die grauen Uniformen, das braune Lederzeug, die alten Stahlhelme! Und ein paar junge Mädchen... werfen sich ihnen an die Brust - weinen an ihnen so haltlos auf... als ob sie niemals wieder enden könnten.

* * *

Als Pfarrer Dietrich aber dann die erste Zählung machte, mußte er feststellen, daß jeder fünfte seines Zuges auf Polens Straßen blieb. Das war für sich genommen keine übergroße Zahl, aber zogen nicht neben diesem Zug noch zahllose andere durchs Land? Und blieben nicht von jedem hunderte liegen, nachdem zuvor schon tausende in den Städten gefallen? Erschoß man nicht sogar im Heere tausende, obwohl sie dort als Soldaten untadelig ihre Pflicht getan? Fielen nicht Bauern an ihren Pflügen, Mütter beim Stillen ihrer Säuglinge, fielen nicht Kinder selbst bei kindlichem Spiel?

Das Schicksal einiger weniger wurde bekannt, das Schicksal Zehntausender wird man niemals erfahren. An unzähligen Stätten wurden die weiten Ebenen dieses Landes zu einem deutschen Friedhof - an den Straßen Polens aber stehen für alle Zeiten seine unsichtbaren Kreuze...

17

Nachtrag: 64 Jahre später

"Aber ich weiß heute schon wörtlich, was das Ausland hierzu sagen wird: *...Was blieb den armen Polen übrig,* als sich [der deutschen Minderheit] auf schnellstem Wege zu entledigen - wurden sie jetzt doch nicht nur von vorne, sondern auch im Rücken von ihnen angefallen! *Daß es im Zorn über diesen hinterlistigen Überfall zu Ausschreitungen kam, wer will das diesem Volke verdenken...* "
So sagte Dr. Kohnert im September 1939 voraus (Kapitel 13). Und wie sieht die Realität aus? Folgender Artikel vom 3. Februar 2003 gibt Aufschluß:

"Polen
Entschädigung für Todesurteile?
Der Bundesrepublik steht eine neue Welle von *Entschädigungsforderungen wegen Nazi-Verbrechen ins Haus - diesmal aus Polen.* Bevor die Wehrmacht im September 1939 in die Stadt Bydgoszcz (Bromberg) einmarschierte, kam es zu Übergriffen von Polen auf Angehörige der deutschen Minderheit (im NS-Jargon: "Bromberger Blutsonntag"). Nazi-Richter fällten nach der

Eroberung im Schnellverfahren mehrere hundert Todesurteile, die meist sofort vollstreckt wurden. *Hinterbliebene wollen jetzt in Deutschland die Rehabilitierung der Hingerichteten erstreiten. "Die Urteile sind durch Rechtsbeugung zu Stande gekommen und müssen aufgehoben werden", sagt der Kölner Anwalt Andrzej Remin.* In einem ähnlichen Fall hatten deutsche Behörden vor zwei Jahren bis zu 10.000 Mark Entschädigung bezahlt. Das Geld ging an die Hinterbliebenen der von NS-Gerichten zum Tode verurteilten Verteidiger der Polnischen Post in Danzig, denen Günter Grass in *Die Blechtrommel* ein Denkmal setzte."

(Spiegel, 3. 2. 2003. Original unter https://www.spiegel.de/spiegel/print/d-26270950.html einzusehen.)

Hier erübrigt sich jeder weitere Kommentar.

Scriptorium, am 10. 2. 2003.

18

Anhang: Bilddokumente

Die Fotos sowie ihre Begleittexte wurden vom Verlag (Scriptorium) hinzugefügt und stammen aus dem Buch *Die polnischen Greueltaten an den Volksdeutschen in Polen,* im Auftrage des Auswärtigen Amtes auf Grund urkundlichen Beweismaterials zusammengestellt, von Hans Schadewaldt bearbeitet und im Volk und Reich Verlag, Berlin 1940 erschienen. Dieses Buch ist bezeichnenderweise im heutigen deutschen Vasallenstaat verboten.

In den Bildunterschriften werden die Ermittelungsergebnisse der Sonderkommissionen des Chefs der Sicherheitspolizei (Reichskriminalpolizeiamt) mit RKPA und die Obduktions- und Leichenschau-Befunde mit OKW HS. In. Br. bzw. P. zitiert.

Bilddokument 1

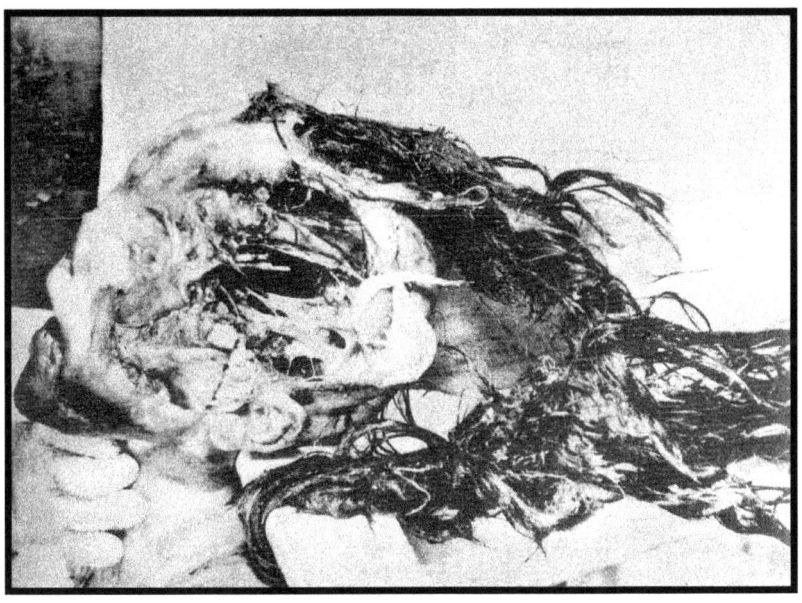

Ehefrau Frieda Ristau, 31 Jahre, zugehörig zur Mordgruppe
Eichdorf-Netzheim; Mutter von 3 Kindern, die durch Zufall dem Mord
entgingen. Sprengschuß des Schädels, Gewehrschuß von
Hinterhauptsgegend aus.
Sekt.-Nr. - Br. 88 (OKW./H.S.In.)

Erdgeschoß und aufgedeckte Keller in dem durch Brandstiftung völlig zerstörten Wohnhaus Schmiede. In den Kellern mußten 16 Personen 8 Stunden lang die Hitze aushalten, weil durch die Fenster geschossen wurde. Erst später konnten die Volksdeutschen in einen anderen Kellerrraum kriechen, dessen Decke betoniert war. Schmiede selbst sowie zwei weitere Personen, die aus den Kellern kamen, wurden erschossen, als sie das brennende Gebäude verließen.

Tgb. V (RKPA) - 1486/19. 39

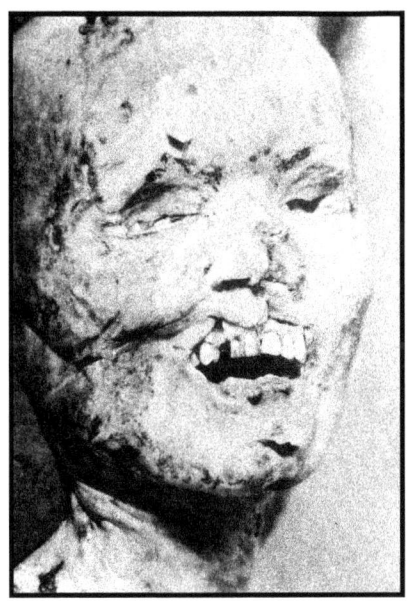

Fritz Radler, 19 Jahre, zugehörig zum
Familienmordfall Radler.
Seitengewehr- oder Säbelhieb am Kinn
und in der rechten
Augenbrauengegend. Fritz Radler
wurde getötet durch Bruststeckschuß
von vorn mit Naganrevolver.
Sekt.-Nr. - Br. 48 (OKW./H.S.In.)

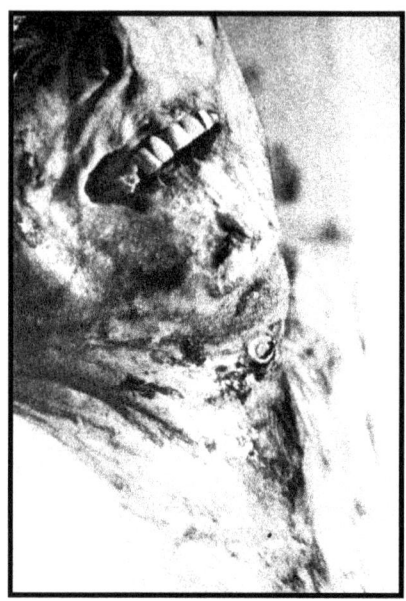

Arthur Radler, 42 Jahre, zugehörig
zum Familienmordfall Radler,
Einschußloch am Halse links. Der
zugehörige Ausschuß sitzt am Nacken
links. Die nicht tödliche Verletzung
wurde um über 7 Stunden überlebt.
Frau und 14jährige Tochter wurden
verhindert, dem Schwerverletzten zu
helfen. Dann Tötung durch Kopfschuß.
Sekt.-Nr. - Br. 46 (OKW./H.S.In.)

Bilddokument 5

Ausländische Ärzte hören den Augenzeugenbericht der 14jährigen Dora
Radler aus Kl. Bartelsee bei Bromberg über die Ermordung ihres Vaters und
ihrer beiden Brüder. Von links nach rechts: Dr. Espionsa (Chile), Dr. Karellas
(Griechenland), Dipl.Ing. Santoro (Italien), Dr. Faroqhi (Indien), Dr. Ohanian
(Persien).

Heinz Beyer, 11 Jahre, und der Gärtnergehilfe Thiede

Gärtner Friedrich Beyer

Kurt Beyer

Kurt Beyer, Zertrümmerung des Unterarms
Sekt.-Nr. - Br. 100 (OKW./H.S.In.)

Am Ausgang der Thorner Straße in Bromberg wurden 10 Volksdeutsche erschlagen und verstümmelt aufgefunden.

Deutsche Bauernfrau aus Langenau bei Bromberg. Ihr wurde der rechte Fuß abgeschlagen und dann der Unterschenkel vom Oberschenkel nach Schlächterart abgetrennt.

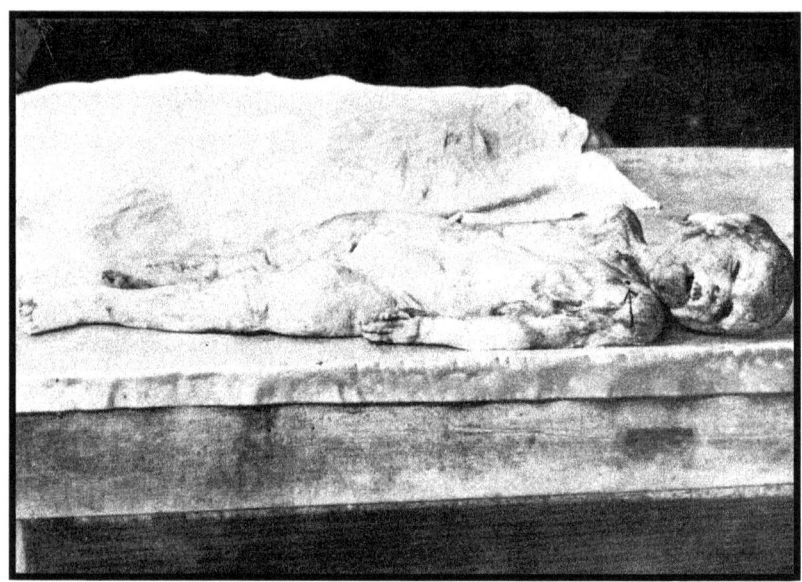

Erhard Prochnau, 3 Jahre. Zugehörig zur Mordgruppe Eichdorf-Netzheim. Mit dem Kinde wurde das Kindermädchen, Johanna Schwarz, 45 Jahre, ermordet. Ausschußloch in der linken Unterschlüsselbeingrube. Der zugehörige Einschuß in der rechten oberen Schulterblattgegend auf gleicher Höhe von 71 cm. Der waagrechte Schußverlauf in so geringer Höhe zeigt an, daß der Knabe auf dem Arm seiner Pflegerin erschossen wurde.

Sekt.-Nr. - Br. 76 (OKW./H.S.In.)

Viehtränke im Walde bei Targowisko, in die, zusammen mit einem
Tierkadaver, 15 Leichen ermordeter volksdeutscher Kinder, Frauen und
Männer geworfen wurden.
Tgb. V (RKPA) 1486/3 39

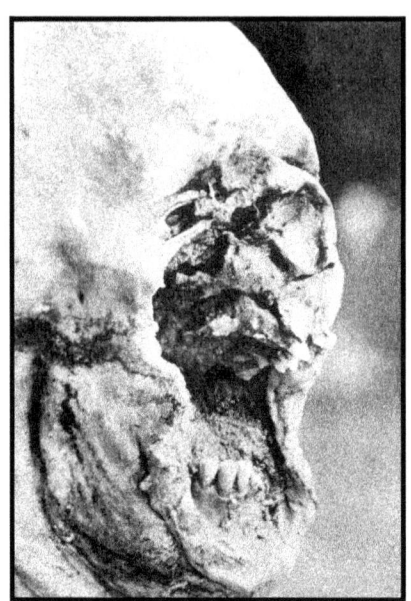

Unbekannter Mann von etwa 40
Jahren, zugehörig zur Mordgruppe
Jesuitersee. Zertrümmernder
Ausschuß im Gesicht, beweiskräftig
für Gewehr. Der Ermordete gehörte zu
einer innerhalb der Mordgruppe
Jesuitersee hervorzuhebende Reihe
von 12 durch Kälberstricke
aneinandergefesselten Opfer.
Sekt.-Nr. - Br. 21 (OKW./H.S.In.)

Willi Heller, 19 Jahre, zugehörig zur
Mordgruppe Jesuitersee. 33
Stichverletzungen mittels Dolch oder
Seitengewehr, davon der mit Pfeil
bezeichnete durch Verletzung des
Halsrückenmarkes tödlich.
Sekt.-Nr. - Br. 23 (OKW./H.S.In.)

Beispiel: nach der Haussuchung. Die von 20 polnischen Soldaten verwüstete und ausgeraubte Wohnung des Raiffeisen- Geschäftsführers Symosek in Gnesen. Symosek wurde mit seinen beiden Töchtern, der 19jährigen Eva und der 16jährigen Dora, von den Polen verschleppt. Die Soldaten stahlen eine größere Geldsumme aus dem Schreibtisch und alle Anzüge des S., darunter die eingemotteten Wintersachen. In große Waschschüsseln, die auf den Fußboden gestellt wurden, wurden die Eisernen Kreuze (I. und II. Klasse) und andere Kriegsauszeichnungen des S. geworfen. Darauf verrichteten die Soldaten ihre Notdurft in die Schüsseln.

Einer der erschlagenen und
ermordeten volksdeutschen Bauern
aus den Dörfern Langenau und
Otteraue bei Bromberg.

Massenhaft erschlagene und erschossene Volksdeutsche vor Warschau. Verstreut an Straßen, auf Feldern und in Wäldern. Aufgefundene werden am Sammelort rekognosziert.

Ausländische Pressevertreter überzeugen sich an Ort und Stelle von den polnischen Greueltaten an den Volksdeutschen. Links im Hintergrund Herr Oechsner von der United Press.

Karte: die wichtigsten Tatorte

Übersichtskarte über die wichtigsten Tatorte im ehemaligen Polen. Diese Karte stammt aus den Jahren 1939/1940 und zeigt Polen so, wie es nach dem Versailler Vertrag von 1919 konstituiert war, d. h. wie es zur Zeit der in diesem Buch beschriebenen Ereignisse bestand.

Weitere Bücher zu vielen, wenig bekannten Themen
zur deutschen Geschichte finden Sie bei
VersandbuchhandelScriptorium.com
sowie bei unserer Schwesterseite wintersonnenwende.com !

Wir lenken Ihr Augenmerk auf:

die englische Übersetzung des vorliegenden Buches:
• Edwin Erich Dwinger: *Death in Poland. The Fate of the Ethnic Germans in September 1939.* Scriptorium, Canada 2004, 2021, print ISBN 9781777543600, eBook ISBN 9781777543617.

• Erhard Wittek: *Der Marsch nach Lowitsch.* Zentralverlag der NS-DAP., Franz Eher Nachf. G.m.b.H., Berlin 1940. Nachdruck: Scriptorium, Canada 2010, 2024, print ISBN 9781998785063, eBook ISBN 9781998785070,
sowie die englische Übersetzung:
• Erhard Wittek: *Long Night's Journey Into Day. The Death March of Lowicz.* Scriptorium, Canada 2015, 2023, print ISBN 9781998785049, eBook ISBN 9781998785056.

• *Die polnischen Greueltaten an den Volksdeutschen in Polen.* Im Auftrage des Auswärtigen Amtes auf Grund urkundlichen Beweismaterials zusammengestellt. Volk und Reich Verlag, Berlin 1940,
sowie die englische Übersetzung:
• *The Polish Atrocities Against the German Minority in Poland.* Edited and published by order of the Foreign Office and based upon documentary evidence. Volk und Reich Verlag, Berlin 1940.

Es werden regelmäßig weitere Titel
in Deutsch und Englisch aufgenommen.

Milton Keynes UK
Ingram Content Group UK Ltd.
UKHW051449140724
445326UK00013BA/464